石塔寺三重石塔のルーツを探る

――日韓文化交流シンポジウムの記録

九州大学教授 西谷 正
韓国教員大学校教授 鄭 永鎬
監修

蒲生町国際親善協会 編

石塔寺三重石塔（滋賀県蒲生郡蒲生町）

長蝦里三重石塔（韓国忠清南道扶餘郡場岩面）

ごあいさつ

蒲生町長　安井一嗣

日本最古最大の三重石塔とされる石塔寺《いしどうじ》三重石塔は、蒲生町の北東にあたる大字石塔《いしどう》の北に延びる丘陵地の上、参道の一五八段の石段を登ったところに、数万といわれる大小さまざまの石塔に囲まれて建っています。明治四十年（一九〇七）には国の重要文化財に指定され、専門家による調査なども行われてきましたが、その特異な形は国内に類例がなく、今なお謎に満ちた存在であり続けております。

その外観が、お隣の大韓民国（韓国）扶餘《プヨ》郡場岩面《チャンアムミョン》長蝦里《チャンハリ》にあります三重石塔に似ているとのことで、本町では場岩面との交流を開始しました。住民相互の親善交流を通じて友好を深めて参りましたが、昨年で一〇年目を迎えることになりました。そこで、昨年十月に国際交流一〇周年の記念事業として、日韓の研究者の方々にお集まりいただき、「石塔寺三重石塔のルーツを探る」をテーマに、『日韓文化交流シンポジウム』を開催いたしました。その模様をまとめたのが本書です。

まず、第一部では、朝鮮半島と、蒲生町をはじめとする滋賀県、双方の歴史と文化を解説しています。シンポジウムのレジュメ用にご執筆いただいた申光燮氏、小笠原好彦氏、兼康保明氏の論文に加え、新たに田中俊明氏、櫻井信也氏にご寄稿いただきました。第二部は、シンポジウム当日に基調報告として行われた鄭永鎬氏と西谷正氏によるご講演、両氏を含め韓国側二名、日本側三名によるシンポジウムの発言内容を収録いたしました。最後の第三部では、日韓交流の現在を示すものとして、シンポジウム開催に至るまでの本町と場岩面の交流のようすを紹介しています。

先人の築かれた遺徳を偲びその史実に迫ることは、今生かされる私たちの務めであり、郷土愛、まちづくりへの原点になると考えております。本書の発刊により、ふるさとの歴史に対する認識がさらに深まり、さらには歴史と文化の交流を通じ日韓親善が深まり、国際化時代にふさわしいまちづくりが進みますことを期待しております。

最後に、シンポジウムの開催ならびに本書の発行にあたり、特段のご協力を賜りました諸先生、ならびにご指導ご後援を賜りました関係者の皆様方に心よりお礼を申し上げます。

平成十二年八月

附記　韓国の地方行政区画の、「面」と「里」は、それぞれ日本の「村」と「大字」に相当する。なお、日本の「町」に相当するのは「邑」である。

層塔の表記については、韓国では「重」ではなく、「層」の字をあてており、本書でも鄭永鎬氏の講演、申光燮氏の論文中では、「三層」「五層」と表記している。

目次

第二部　石塔寺三重石塔のルーツ

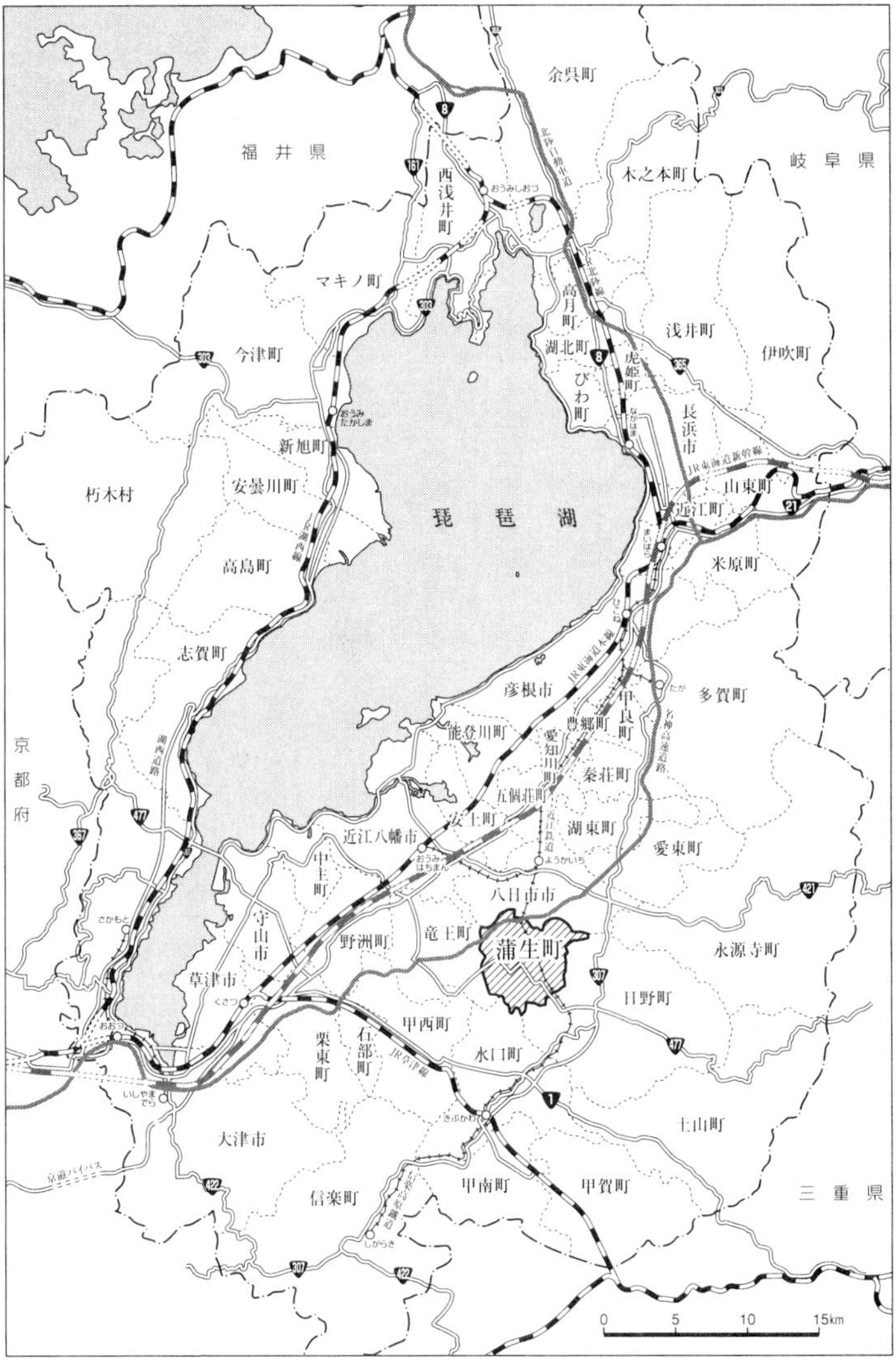

余呉町
福井県
岐阜県
木之本町
西浅井町
マキノ町
高月町
湖北町
虎姫町
びわ町
浅井町
伊吹町
長浜市
今津町
新旭町
安曇川町
朽木村
琵琶湖
山東町
近江町
米原町
高島町
志賀町
彦根市
多賀町
能登川町
豊郷町
甲良町
愛知川町
秦荘町
五個荘町
湖東町
安土町
近江八幡市
愛東町
中主町
八日市市
守山市
野洲町
竜王町
蒲生町
永源寺町
草津市
日野町
甲西町
栗東町
石部町
水口町
大津市
土山町
甲南町
甲賀町
信楽町
三重県
京都府
0 5 10 15km

滋賀県全図

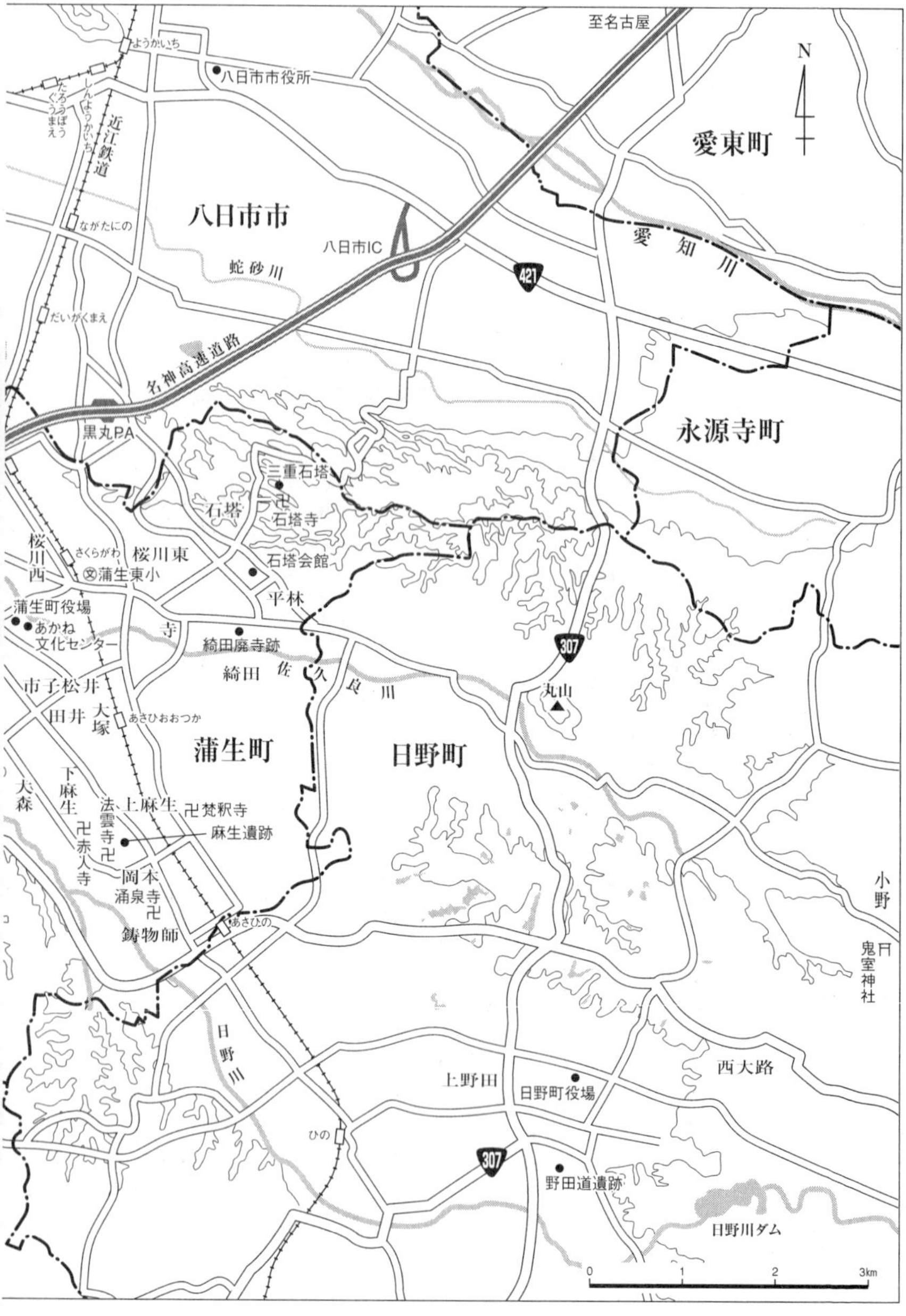

至名古屋
N
愛東町
八日市市
八日市市役所
ようかいち
しんようかいち
たろうぼうぐうまえ
近江鉄道
ながたにの
八日市IC
蛇砂川
421
愛知川
だいがくまえ
名神高速道路
黒丸PA
永源寺町
三重石塔
石塔
石塔寺
石塔会館
さくらがわ
桜川東
桜川西
蒲生東小
平林
蒲生町役場
あかね文化センター
寺
綺田廃寺跡
307
綺田
佐久良川
丸山
市子松井
田井
大塚
あさひおおつか
蒲生町
日野町
大森
下麻生
法雲寺
上麻生
梵釈寺
麻生遺跡
赤人寺
岡本
涌泉寺
鋳物師
あさひの
小野
鬼室神社
日野川
西大路
上野田
日野町役場
ひの
307
野田道遺跡
日野川ダム
0
1
2
3km

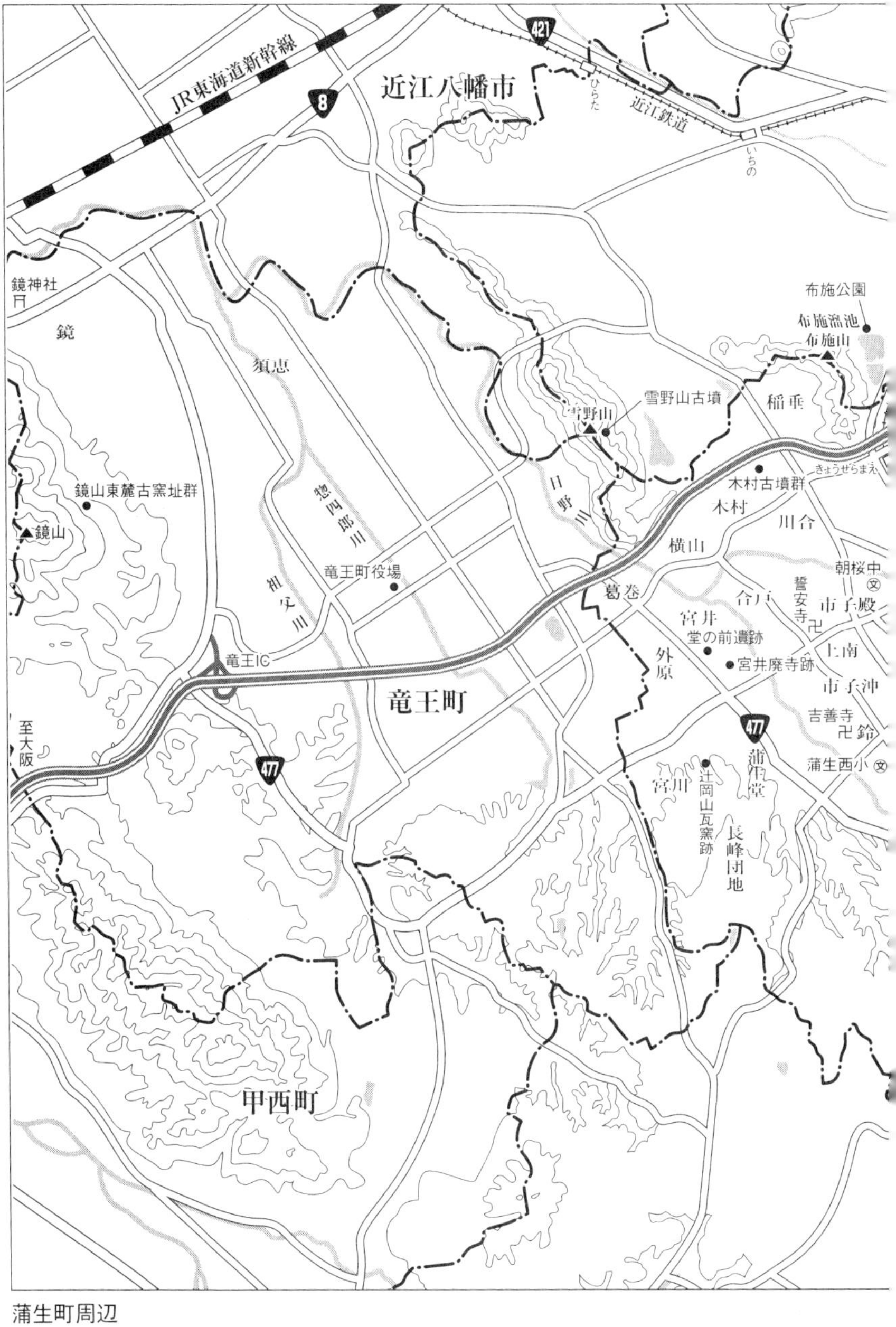
JR東海道新幹線
8
近江八幡市
421
ひらた
近江鉄道
いちの
鏡神社
鏡
須恵
布施公園
布施溜池
布施山
稲垂
雪野山古墳
雪野山
日野川
惣四郎川
祖父川
竜王町役場
鏡山東麓古窯址群
鏡山
木村古墳群
きょうぜらまえ
木村
川合
横山
朝桜中
誓安寺
葛巻
合戸
市子殿
宮井
堂の前遺跡
宮井廃寺跡
上南
外原
竜王IC
竜王町
市子沖
吉善寺
鈴
至大阪
477
蒲生堂
宮川
辻岡山瓦窯跡
長峰団地
蒲生西小
甲西町

蒲生町周辺

朝鮮民主主義人民共和国
清岩里寺址
平壌
東海(日本海)
雪岳山
五台山
江原道
太白山
太白山脈
ソウル
仁州
京畿道
麻谷寺
清涼寺址
忠清北道
忠清南道
西海(黄海)
大韓民国
錦江
公州
扶餘
大田
小白山脈
慶尚北道
皇龍寺址
芬皇寺
慶州
大邱
舒川
益山
金堤
定林寺址
全羅北道
長蝦里石塔
弥勒寺址
王宮里址
碧骨堤
隠仙里石塔
井邑
智異山
慶尚南道
光州
釜山
巨済島
全羅南道
対馬
済州道
済州島
日本
0
50
100
150km

韓国全図

第一部

朝鮮半島の文化と蒲生の古代

朝鮮半島の歴史と文化

田中　俊明

朝鮮半島の地理と風土

朝鮮半島は、アジア大陸の東端に位置し、中国東北地方の南から南方へ突き出した半島である。白頭山《ペクトゥサン》(中国では長白山)および、そこから発する鴨緑江《アムノクカン》と豆満江《トゥマンガン》(図們江《トゥーメンチャン》)が、大陸と半島を分ける境界ということができ、現在も中国との国境をなす。半島の西南沖にある済州島《チェジュド》を筆頭とし、西海岸・南海岸を中心に、周辺に三三〇〇ほどの島々がある。それらを含んで、面積はおよそ二二万平方キロメートルである。約一万年前に地球が温暖化し氷河期が終わると、朝鮮海峡が完全に海となって、朝鮮半島と日本列島は現在のように分かれ、独自の道を歩むようになったが、それまで海峡は陸橋化と海峡化が繰り返されたのであり、日本列島とは陸続きに近い時期も長かった。

半島の東北部には狼林《ナンリム》山脈が、さらに太白《テーベク》山脈が東よりに南北に連なり、脊梁《せきりょう》山脈をなす。金剛山《クムガンサン》・雪岳山《ソラクサン》・五台山《オデーサン》・太白山《テーベクサン》などの霊峰・名山がそれに属する。東側はすぐに東海(日本海)がせまり、大きい川や平野が少ない。西側は西海(黄海)に至るまで広く、西流する、あるいは南流する大河川が多く、肥沃な平野をつくっている。清川江《チョンチョンガン》・大同《テドン》江《ガン》・臨津江《イムジンガン》・漢江《ハンガン》・錦江《クムガン》などである。朝鮮史の主要な舞台は、この半島中西部であった。太白山脈は半島やや南部から、小白《ソーベク》山脈へと続き、西南に向かう。徳裕山《トギュサン》・智異山《チリサン》などを擁し、南側では南流する洛東江《ナクトンガン》が、ゆるやかに流れて、肥沃な盆地や平野をつくる。また西側では栄山江《ヨンサンガン》が、穀倉地帯をつくりあげている。

三面を海に囲まれ、温帯性季節風帯に属しており、日本と同様に、季節の移りかわりが明確であるが、大陸性気候の影響もうけ、意外に湿気は少ない。

現在は、北緯三八度線を上下するあたりを軍事境界線として、南北に分断されている。北には朝鮮民主主義人民共和国(北朝鮮)が、南には大韓民国(韓国)があり、冷戦時代が終わって久しいにも拘わらず、南北間はもとより、北朝鮮と日本にもいまだに国交がない。

北朝鮮は平壌《ピョンヤン》特別市を首都とし、地方を南浦《ナムポ》特別市および咸鏡北道《ハムギョンブクド》・咸鏡南道《ナムド》・両江《ヤンガン》道・慈江《チャガン》道・平安《ピョンアン》北道・平安南道・江原《カンウォン》道の七道に分けている。韓国は、ソウル特別市を首都とし、仁川・大田・光州・大邱・蔚山・釜山の広域市および、京畿《キョンギ》道・忠清《チュンチョン》北道・忠清南道・全羅《チョルラ》北道・全羅南道・江原道・慶尚《キョンサン》北道・慶尚南道・済州《チェジュ》道の九道に分けている。

古代国家成立への動き

朝鮮における人類の痕跡は、旧石器時代前期から確認されている。絶対年代には異論もあるが、平壌のコムンモル洞窟や、ソウルから北の全谷里《チョンゴンニ》遺跡が二〇万年以上は遡るものとみなされる。旧石器時代人も、一〇万年前の旧人段階のものが確認されている。平安南道の徳川人で、韓国でも忠清北道のトゥル峰洞窟で、四万年前の子供の化石骨が見つかっている。一万年前から新石器時代に移るが、すぐに土器が作られたかどうか、まだよくわかっていない。東海岸・南海岸では紀元前六〇〇〇年ころに隆起文《りゅうきもん》土器などが出現する。ただ最近になって、済州島の高山里《コサンニ》出土の原初的な無文土器が最も古く、前八〇〇〇年まで遡るというみかたもある。その後、新石器時代を代表する櫛目文《くしめもん》土器が広がる。農耕の開始は紀元前四〇〇〇年くらいまで遡ることができるが、主たる生業は依然として、狩猟・漁撈であった。

紀元前一〇〇〇年ころに青銅器が遼東方面から伝わり、紀元前八〇〇年ころには、水稲耕作が始まる。忠清南道の麻田里《マジョンニ》や、蔚山の無去洞玉峴《ムゴドンオッキョン》では、水田も見つかっており、日本への稲作伝来のルートも追究できるようになってきた。首長層が形成され、集落間の争いも起るようになり、環溝集落が出現する。紀元前三〇〇年ころになると、鉄器が導入され、武器・工具・農具に用いられるようになり、生産性も向上していく。

朝鮮において歴史が明らかになってくるのは、およそ紀元前二世紀の初めころからである。漢帝国のなかの燕《えん》国が、王の匈奴《きょうど》への逃亡によって瓦解すると、そこに仕えていた衛《ウィ》満《マン》という人物が、現在の平壌を中心にして、朝鮮国を建てた。これを衛氏朝鮮《えいしちょうせん》とよぶ。

衛満の建国の際、すでにそこにはある勢力が存在していた。それは箕準《キジュン》という人物を中心とする勢力であり、その箕準は、はるか昔の箕子《キジャ》の末裔だという。箕子とは、中国の殷《いん》の時代の王族で賢者として知られ、殷が周《しゅう》に滅ぼされた後、周に仕えないで隠棲した、という伝承のある人物である。いつしか朝鮮に行って王となった、ということになった。それを箕子朝鮮と呼ぶことがあるが、伝説以上のものではない。ただ、実際に箕子につながるかどうかは別にして、その末裔を称する勢力が、平壌あたりにあったことは認めなければならない。

これら、衛氏朝鮮・箕子朝鮮とならんで、古朝鮮と総称されるなかに、もうひとつ檀君《タングン》朝鮮というのがある。天から降ってきた桓雄《ホァヌン》と、熊から変身した女との間にできたのが檀君であり、やはり平壌を都にして国を開いた。箕子朝鮮は、朱子学を国是とするのちの朝鮮王朝時代において、儒家官僚たちにとって、東方礼儀の国としてのひとつのシンボルであったが、檀君朝鮮は、民族を結束させる場合のシンボルといえるかも知れない。いつごろから檀君の伝説が登場したかといえば、いまのところ一〇世紀ころまでしか溯らない。契丹《きったん》族などの侵入に苦しんでいた高麗王朝の時代であり、そのことと関わりがあるのかも知れない。ただし、北朝鮮では、檀君の陵を発掘したところ、その骨が発見され、紀元前三〇〇〇年ころのもので、檀君の実在が証明された、としている。

朝鮮国内には、尼渓や歴谿といった小国が含まれ、小国の相・卿が、国政にも参画していた。おそらく出身の小国の首長層であろう。ほんらい衛満が率いてきた徒党を中心にしつつ、在地の小国と連合するかたちで、その首長層をとりこんだものとみられる。東の臨《イム》屯《ドゥン》国、南の真番《チンバン》国も、服属させていた。

衛氏朝鮮を朝鮮における最初の古代国家と捉えようという意見がある。特に鉄器の導入とその成立とを結び付け、強大な軍事力を想定し、それによって強力な国家を形成した、というのであるが、鉄器の導入は衛氏朝鮮の成立より先行し、また現実の遺物の貧弱さからもそうみるのは難しいといえよう。

衛氏朝鮮は満の孫、右渠《ウゴ》の時代まで存続するが、その右渠の時、朝鮮相の地位にあった歴谿卿が、右渠を諫《いさ》めていれられず、その民二千戸を率いて辰国に脱出したことがあった。本来の基盤が維持されていたことを窺わせる。都を王険城といい、現在の平壌にあたる。領域としては、朝鮮半島西北部を支配したものと考えられるが、それ以上、広く支配を及ぼしたとは考えにくい。

実在の確かな衛氏朝鮮を滅ぼして、その故地を中心に楽浪《ナンナン》《らくろう》郡を置いたのは、漢の武帝であった。衛氏朝鮮国に属していた臨屯国・真番国の故地にも、それぞれ臨屯郡・真番郡を置き、さらには高句麗や東海岸の沃沮の統轄をめざして玄菟《ヒョント》郡を置いた。これらを楽浪四郡などと呼ぶ。この四郡については、朝鮮民族の正統な歴史の流れにとっては異分子である、との受け取り方がされることがある。かつて、いわゆる古代日本の「任那《みまな》」経営説が支持されていたころには、両者は朝鮮古代史における「南北問題」として、排除したいとの意向が強かった。後者はもとより事実ではないため、否定しさることはできるが、楽浪四郡については、そうはいかない。もともと遼河《リャオホー》の河口方面に置かれたもので、朝鮮半島とは無関係であるとの主張もあるが、平壌付近に残された土城や漢墓を無視することはできない。むしろ在地勢力が、そうした漢による郡県支配を通して、文化的・軍事的影響を受け、それとの抵抗を通して成長していった側面にこそ目を向けるべきである。事実、玄菟郡は高句麗の興起・発展によって、しばしば後退せざるを得なくなっているのである。また郡県支配は、強い面的な領域支配を進めようとしたのではなく、拠点と、拠点間の交通路の確保にとどまるものであり、過度に評価すべきでもない。

三国時代の成立

いわゆる朝鮮三国とは高句麗《コグリョ》《こうくり》・百済《ベクチェ》《くだら》・新羅《シルラ》《しらぎ》をいう。『三国史記《サムグクサギ》《さんごくしき》』という、朝鮮における現存最古のまとまった歴史書は、その三国を対象にしたものであるが、それによれば、建国の順序は、新羅・高句麗・百済の順でともに前一世紀のことになっている。しかしそれは新羅優位に脚色された上でのことであり、実際には、高句麗がはるかに早く、遅れて百済・新羅の順に興ったのである。

高句麗は、貊族の国で、鴨緑江《アムノクカン》の中流域およびその支流である渾江流域を発祥の地とする。山地の中の谷部で半農半猟の生活をしていた。玄菟郡は、この高句麗を管轄下に入れることも当初の目的で、そのために土築の県城を築いた。高句麗族はこの県城支配に刺激をうけ、それに対する抵抗を通して勃興してきた。紀元前一世紀の初めころである。

図1　高句麗発祥の地桓仁にある五女山城

卒本《そつほん》（遼寧省桓仁《ホワンレン》）に都を置き、奪い取った県城を利用しつつ、山城を築いた。高句麗の拠点は、このように平地の居住区（平城）と背後の山城とのセットからなる。

　高句麗が大きく成長するのは、三世紀初めに国内城《クンネソン》（吉林省集安《チーアン》）に都を移してからであった。高句麗史全体では中期にあたる。魏と前燕とに攻撃されて都が陥落する試練もあったが、そのつど立ち直り、四世紀初には楽浪郡・帯方郡を朝鮮半島から一掃し、四世紀末に即位した広開土《クワンゲト》《こうかいど》王《ワン》《おう》と、五世紀初めに即位し、長く在位したその子の長寿王《チャンスワン》の時代に最盛期を迎えた。広開土王は、その名の通り、たびたび遠征にも出かけて広く領土をひろげたことで知られ、事績は碑文に残されている。特に成長してきた百済から大きく領土を奪い、朝鮮半島の国家としての地歩を着実に進めた。そして長寿王は四二七年に平壌郊外に遷都し、南方経営に強い意欲をみせた。このころまでには、領土的にも遼河を境にして安定し、中国との関係も、北朝と密接に連携しながら南朝にも使者を送った。五八六年に遷都した長安城(現在の平壌市街)では、まわりを羅城《らじょう》で取り囲み、その中をいくつかに区分し、また条坊制も施行するなど、中国的な要素をも取り入れた都づくりをした。

朝鮮半島南部には韓《ハン》族が居住していた。この韓族から興ったのが、百済と新羅である。三世紀段階には、西に馬韓《マハン》五〇余国、東に辰韓《チナン》一二国、南に弁辰《ピョンジン》(弁韓)一二国の諸小国があったが、百済は、馬韓のなかの一小国であった伯済国が、新羅は、辰韓のなかの一小国であった斯盧《サロ》国が成長したものである。ただし、百済・新羅が大きく領土を拡げ、高句麗とならんで三国と呼べるようになるのは、かなり遅れる。韓族の七〇余の小国は、現在の郡・市か、それよりも小さい地域を占めていたにすぎず、それを主邑とかよんだりする。それら主邑・小国が、どのように抗争し関係し、連合していったかが、その後の歴史である。例えば新羅は、五世紀末の段階でも、斯盧国の地である慶州《キョンジュ》から大きく広がっていたわけではなく、おもに慶尚北道地域の周辺諸小国と連合した、その盟主的な存在でしかなかった。倭の五王と呼ばれる五世紀の倭国の王たちが、中国王朝宋に対して「都督《ととく》倭《わ》百《くだ》済《ら》新羅《しらぎ》任那《みまな》加羅《から》秦韓《しんかん》慕韓《ぼかん》諸軍事《しょぐんじ》」という称号を要求しているが、そこにみえる秦韓・慕韓は、架空のものではなく、かつての辰韓・馬韓の小国群のなかで、まだ残存していた勢力を指すのである。つまり、五世紀段階では、百済・新羅のほかに馬韓・辰韓残存勢力があった、ということである。

図2　3世紀の東北アジア

　五世紀末から六世紀初にかけて、百済・新羅は、領土国家として飛躍していく。ただし、弁辰の地域を中心として、最後までひとつにまとまらない小国群があった。それが加耶《カヤ》(加羅《カラ》)であり、日本では任那《みまな》ということもあった。任那とは、加耶のなかの一小国の名であるが、倭国との交流・関係が深く、いつしか全体の名のように受け取られ

図3　5世紀後半の朝鮮半島（470年頃）

るようになった。加耶においても、小国が連合することはあり、盟主的な存在もあった。任那ともよばれた金官国《クムグワン》(現在の金海《キメ》)や大加耶国(高霊《コリョン》)などである。しかし結局、ひとつにまとまることはなく、先行する百済や新羅の蚕食《さんしょく》をうけ、五六二年までに分割されてしまう。

百済は漢城《ハンソン》(ソウル江南)に興った。先進の高句麗とは、七世紀に至るまで強い仇敵関係にあり、そのため四世紀後半には、加耶の南部諸国や倭と連係し、また中国江南の東晋に通じた。そうした関係は、中国王朝(南朝)が変わっても継続した。高句麗王を戦死させることもあったが、広開土王代に大きく領土を失った。四七五年には、都の漢城を高句麗に攻め落とされ、百済はいったん滅亡した。しかしまもなく南の熊津《ウンジン》(公州《コンジュ》)で再興し、南方への関心を高め、五世紀末から六世紀初めまでに馬韓の残存勢力を一掃して、朝鮮半島西南部の大国となった。そのころが武寧王《ムリョンワン》の治世であり、中国梁《りょう》の文化を取り入れ、仏教も栄え、さらに加耶へも進出する。五三八年には、熊津から泗沘《サビ》（扶餘《プヨ》）へ遷都し、羅城に囲まれた新たな都市作くりに成功した。

新羅は、慶州の地に興ったのであるが、もともとそこに六つの地縁集団があり（六村）、それが六部として斯盧《サロ》国を形成していた。新羅が領土的に拡大していくと、この六部の人たちは王京人として、地方人に対して優越的な意識を持つようになった。五世紀末から六世紀初めのことである。この六部人に京位という官位が与えられ、地方人にはそれとは体系が異なり、格も落ちる外位しか与えられなかった。王京人の中にも、真骨《チンゴル》・六頭品《ユクトゥブム》・五《オ》頭品《ドゥブム》・四頭品《サドゥブム》……という血縁的な身分制（骨品制《コルブム》）があって格差があったが、全体として支配層を形成していた。

新羅は、四世紀後半に中国の前秦に使者を送るなど国際舞台にも登場したが、高句麗に従属する形でしか生き延びることができなかった。また倭とも通交した。五世紀はそのため、いかにして高句麗の圧力をはねのけるかが、大きな課題であった。

新羅が飛躍的に成長するのは六世紀に入ってからで、智証王《チジュンワン》の時代に国号を定め、基盤をつくり、法興王《ポップンワン》が法制を整え、仏教を公認し、続く真興王《チヌンワン》の時代に、大きく領土拡大を果たした。百済と手を結んで、高句麗領に進出していき、ソウル地方を獲得すると、共同した百済を追い出して、西海岸にまで領土を拡げた。加耶を最終的に消滅させたのもこの王代であった。六世紀半ばには、百済をも圧倒する、大きな勢力になったのである。

五世紀の終わりに中国が南北統一されると、それまで中国の南北対立を利用する形で、たがいの抗争・勢力維持に努めていた三国であったが、隋のもとで序列も一元化されることになった。高句麗も、それまで安定していた西境が急にさわがしくなっていった。隋の侵攻をうけるのはそのようななかにおいてであり、高句麗はよくそれをしのいだ。

唐が成立しても、高句麗に対する攻勢は続いたが、六四〇年代に状況が変わる。百済にも内紛があったかとみられるが、それは確かではない。しかし高句麗では淵蓋蘇文《ヨンゲソムン》《えんがいそぶん》がクーデタを起こし、王を廃立し、実権を握った。そして新羅に侵攻して旧加耶地域を大きく奪取した百済と、外交革命ともいうべき、友好関係を結んだ。新羅は高句麗・倭へ救援を求めたが、倭はかねてよりの関係から百済を支持し、新羅は唐に救援を求めることになる。ここに唐・新羅と、高句麗・百済・倭との対決の図式が成立する。

新羅による三国の統一

三国のなかで結局残ったのは新羅であった。三国統一は、武烈王《ムヨルワン》とその子の文武王《ムンムワン》の二代の間に達成される。救援要請を受けた唐は、六六〇年百済討伐軍を送り、新羅軍と呼応して百済を挟撃した。金庾信《キムユシン》の率いる新羅軍は、黄山《ファンサン》の原の戦いで百済精鋭軍を破り、唐軍と会し、百済の王都を攻めた。城はあっさり陥落し、また熊津にのがれた義慈王《ウイジャワン》らもまもなく降伏し、百済は滅亡した。ただしその直後から各地で復興の動きが興り、特に倭にいた王子豊璋を迎立した王族福信《ボクシン》らは、旧百済領のほぼ全域を回復する勢いをみせたが、内紛もあり、倭からの援軍もむなしく、六六三年白村江《ペクチョンガン》《はくすきのえ》の戦いに敗れ、唐はその地に熊津都督府を置いた。高句麗に対しても唐軍の攻撃がすすめられ、ここでも内紛によって弱体化し、ついに六六八年に至って滅亡した。唐は安東都護府《あんとうとごふ》をおき、新羅をふくめた朝鮮半島支配を進めようとした。それは当然新羅の思惑とは異なり、新羅はそれに対抗して、高句麗や百済の復興軍を支援した。新羅の動きに対し唐が侵攻してきたが、新羅は唐軍を撃退し、唐もついに六七六年、半島支配を断念せざるをえなくなった。こうして新羅は、大同江のやや南の線までを領有する、初めての統一国家となった。百済・高句麗の旧官人

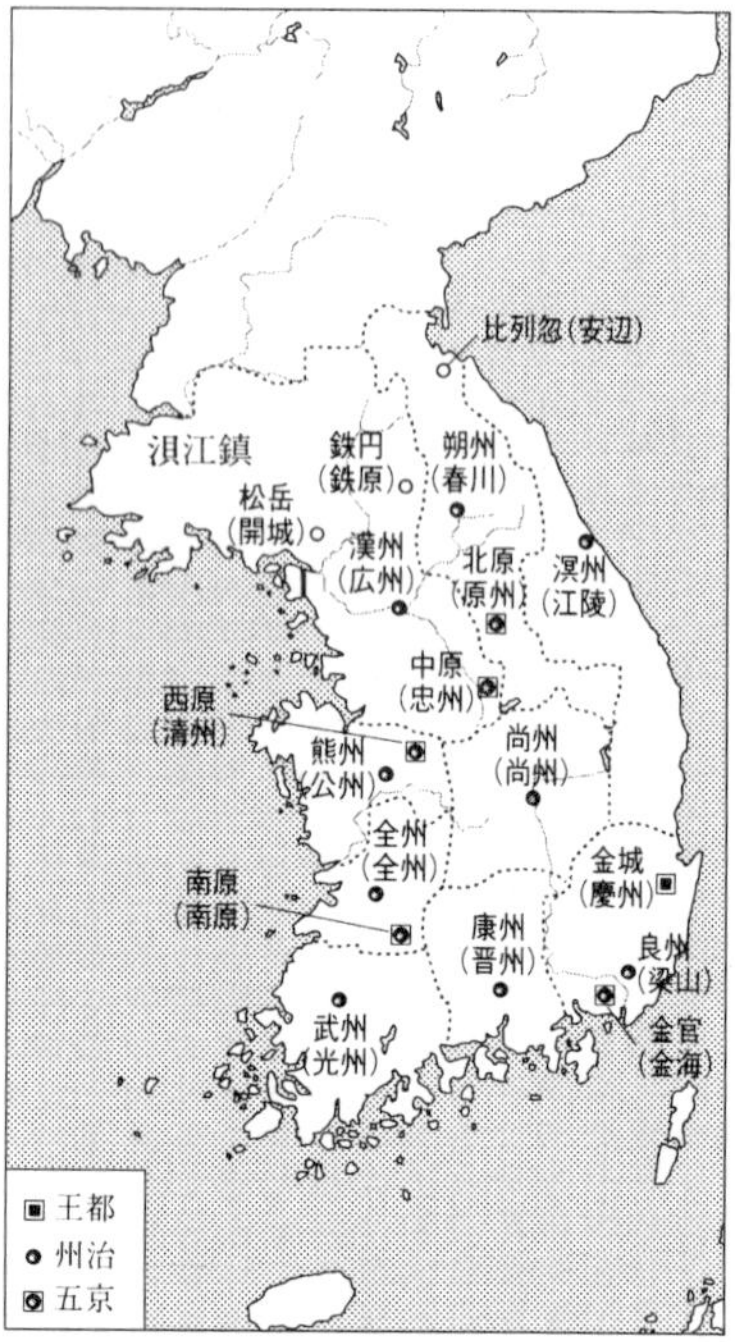

図4　新羅の九州五京

に対しては新羅の官位を与えたが、あわせて新羅人における京位・外位の区別も廃し、地方人に対しても京位を与えるようになった。

統一達成後、その成果を背景に王権はしだいに専制化する。神文王《シンムヌワン》は即位当初、妃の父金欽突《キムフンドル》の反乱に際し、連座者を容赦なく誅殺したが、それも王権の専制化を示すステップといえる。王都はそのままの地において大きく改造し、整然とした条坊制を施行した。統一によって拡大した領土は九つの州に分け、そのなかをそれぞれ州・郡・県に分けるという、郡県支配が進められた。中国的な郡県制とは異なり、州・郡・県いずれもかつての主邑ほどの規模で、それを格の上下に基づいて累層的に編成したものである。それまでと同じく、中央から地方官が派遣され、在地の有力者である村主を媒介として、地方支配を推進した。また王都が東南に偏している関係もあり、五つの小京が定められた。

唐とはその後安定した関係を結び、日本とも通交した。日本とは互いに優位な立場を主張し、八世紀末以降は公的な外交は中断されたが、私的な往来は続いた。北には渤海があったが、七三〇年ころに唐との間で渤海に対する同盟が結ばれ出兵した。そのこともあり渤海とは友好的な関係が結ばれなかった。ただしその出兵ののち、唐は新羅に渤海《パーレー》《ぼっかい》を牽制させる意図もあって大同江以南の浿江《ペガン》《はいこう》地方の領有を認め、以後北方の軍事的拠点となった。

統一後、最盛期を迎えた新羅王権も、八世紀中葉になると、かげりをみせはじめる。恵《へ》恭王《ゴンワン》代に起こった大恭《テゴン》・大廉《テリョン》の乱がその皮切であり、地方にも大きく勢力を広げ、王宮を囲んで王の軍に抵抗した。このような反乱はその後も続き、ついに七八〇年、金志貞《キムチジョン》の反乱を鎮圧しようとたちあがった王族金良相《キムヤンサン》と金敬信《キムギョンシン》が王や王后を弑《しい》し、良相が代わって王位についた(宣徳王《ソンドクワン》)。これは最初の王位簒奪であり、新羅史の一つの画期をなす。この事件が象徴するように、以後、滅亡まで、不安定な時代が続くことになる。

宣徳王は子がなく、死後、王の族子金周元を擁立する動きがあったが、川の氾濫で王宮に入れないまま、金敬信が王位についてしまった。これが元聖王《ウォンソンワン》で、こののち九世紀半ばまで、ことに王族どうしによる王位簒奪がつづく。その間にあって、八二二年、金周《キムチュ》元《ウォン》の子で熊川州都督の金憲昌《キムホンチャン》が、父の恨みもあって任地で自立し、長安国を建てた。また清海鎮《チョンヘジン》(莞島《ワンド》)の張保皐《チャンボゴ》は、海上貿易で勢力を蓄え、外戚になろうとした。これらはともに失敗したが、根拠地を地方におき、大規模の抵抗となった点で特徴があり、また地方勢力がしだいに成長していることを象徴している。

九世紀も後葉になると、各地で勢力を築き、城主・将軍と称した土豪層が台頭する。そのなかでも、完山《ワンサン》（全州《チョンジュ》）を中心に旧百済方面に勢力を伸ばし、後百済王と称した甄萱《キョノン》と、鉄円《チョルオン》（鉄原《チョルオン》）を中心に旧高句麗方面に勢力を伸ばし、摩震《マジン》国さらには泰封《テボン》国を建てた弓裔《クンイェ》が、とくに有力であった。しかし、弓裔のもとからでた松岳《ソンアク》（開城《ケソン》）の王建がしだいに台頭し、弓裔を追放した諸将に擁立されて九一八年高麗を建てた。こうして後百済・高麗・新羅三国鼎立《ていりつ》の形勢となり、後三国《フサムグク》とよぶ。新羅は、とくに後百済に圧迫され、王都も甄萱の侵攻をうけ、景哀王《キョンエワン》が殺され、敬順王《キョンスヌワン》が擁立されるなど、一小国に転落した。敬順王は、けっきょく九三五年に高麗に降伏し、新羅は歴史の幕を閉じたのである。

朝鮮半島における仏教文化の展開

朝鮮半島への仏教の伝来は、高句麗が最も早く、三七二年とされる。中国北部をほぼ統一した前秦から、その年に、僧順道《スンド》と仏像・経文が送られてきた。三七四年には阿道《アド》がやってきた。そのため高句麗では、肖門寺《ソムンサ》と伊弗蘭寺《イブルランサ》を創建し、それぞれ順道と阿道を置いた。『三国史記』は「これ海東仏法の始まりなり」とする。順道は晋から来たという説や呉からとの説もあるが、ひとまず前秦から、華北の仏教が伝わったとみておく。ただしそれ以前に高句麗に仏教が伝わっていた痕跡はあり、また平壌の西にある徳興里《トックンニ》壁画古墳の被葬者も、墨書銘から「釈迦文仏弟子」であったことがわかるが、その活躍時期は三七二年よりも溯る可能性がある。当時の高句麗の都は、国内城にあったが、現在まで、その故地集安において寺院址は確認されていない。肖門寺と伊弗蘭寺については、平壌に建てられたとの意見もあり、確かに、意図的に平壌を仏教の中心地にしようとしたかにみえる。三九三年には、平壌に九寺を創建しており、平壌に都を移したあとにも、四九八年に金剛《クムガン》寺《サ》を創している。

高句麗の仏教は北朝との関係から護国的な仏教かとみられるが、実態はよくわからない。ただし三論宗の僧朗《スンナン》や天台の波若《バヤク》など、南朝へわたって修学した僧もいた。日本へも多くの僧が渡来し、慧慈《ヘジャ》・曇徴《タムチョ》らは聖徳太子の師としてもよく知られている。

高句麗の寺院はいくつか発掘調査されている。平壌郊外の清岩里《チョンアムニ》寺址(上記の金剛寺にあてる意見もあるが疑問である)・定陵寺《チョンスンサ》址・上五里《サンオリ》寺址などであり、これらは細部には異論もあるが、基本的に一塔三金堂式の伽藍をもっていた。鳳山《ポンサン》郡の土城里《トソンリ》寺址も同様で

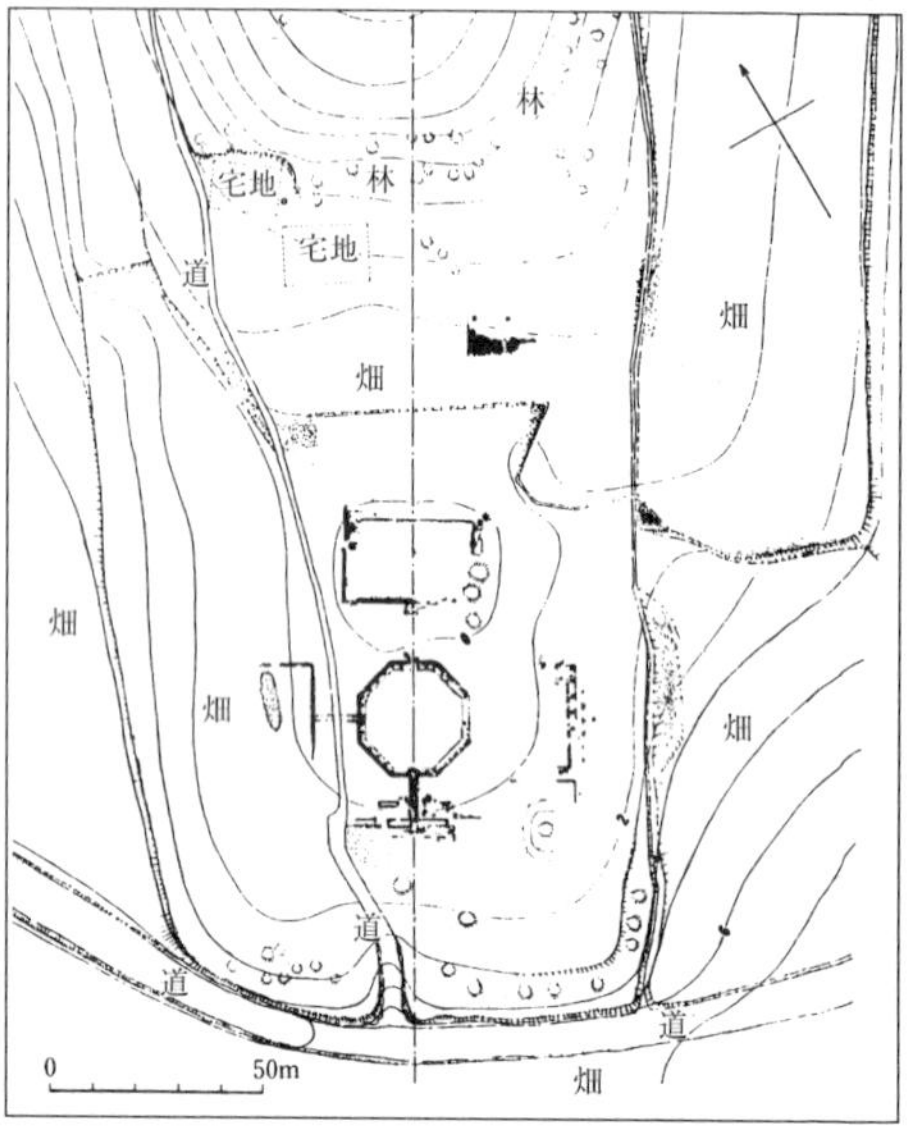

図５　発掘された清岩里廃寺の平面図（中央下が八角建物址）

ある。八角形の塔の北と東西とに金堂を配するかたちである。新羅においても、芬皇寺《プヌワンサ》が塔は八角形ではないものの、似たような一塔三金堂式であるとされているが、高句麗の伽藍配置の特徴といってさしつかえない。

百済へは、三八四年に、東晋からインド僧という摩羅難陀《マーラーナンダ》がやってきて、王がそれを宮中に迎え入れ礼拝した。それが百済の仏法のはじまりとされる。翌年に王は、都に寺を創り、僧を得度した。ただ当時の都、現在のソウルにおいて、百済時代の寺址は確認されていない。中期・後期の王都では、多くの寺院が創られ、「僧尼寺塔多し」（『周書』）といわれるようになる。

百済は南朝、特に梁との関係が深く、涅槃経の教義などは梁から伝わっている。南朝的な鎮護国家をめざした、王室と関わりの深い寺も多い。中期の王都熊津《ウンジン》（公州）では、梁の

図6　定林寺址全景（中央が五重石塔）

年号を名にした大通寺《テートンサ》という寺も創建されている。大通寺は、王都の中心部に造営されたが、王都がせまい盆地であることとも関わり、王都寺院は、周囲の谷部や山腹に造営されたものが多い。また西穴寺《ソヒョルサ》・南穴寺《ナミョルサ》・東穴寺《トンヒョルサ》など、石窟をともなうものが多く、地域的な特徴となっている。

後期の泗沘（扶餘）には平地の寺院が多い。代表的な寺は、王都の中心部に造営された定《チョン》林寺《ニムサ》である。百済当時の名はわからないが、百済滅亡後、唐の将軍が戦勝を記念して文字を彫った石塔が現在も残っており、百済石塔の代表的な例として有名である〔119・131ページ参照〕。市街地南の軍守里《クンスリ》寺址は、最初に発掘された（一九三五・三六年）百済寺院であるが、定林寺址とともに、一塔一金堂式の伽藍配置であった。すなわち塔・金堂・講堂が南北に一直線にならぶ形式であるが、ただ軍守里寺址の場合、金堂の東西に廻廊をはさんで建物基壇が確認され、三金堂ではないかとする意見もある。百済の典型的伽藍は、一塔一金堂式ということができ、一九六四年に発掘された金剛寺《クムガンサ》址でも確認され、王宮の背後にある扶蘇山《プソサン》の山腹の寺址も、立地の関係で講堂はなかったと思われるが、塔・金堂がならぶ。

百済は、日本に正式に仏教を伝えたことでも知られている。その年代は『上宮聖徳法王帝説』の五三八年か『日本書紀』の五五二年か、史料的にわかれるが、その時期は百済から五経博士などを送ってきて、日本に対して兵力の提供などを要求することがたびたびあり、仏像・経文を送ることもそれの一環ということができる。そこで百済側の事情、すなわち兵力が必要な時期がいつか、を勘案すると、五五二年のほうがふさわしい。その後も、百済僧が日本に渡来することが多く、日本の尼僧などが百済に学ぶこともみられた。百済仏教が初期の日本仏教に与えた影響は大きかった。

新羅は最も遅れて、五二七年が正式受容であるとされる。しかしそれより前に伝わったとする伝説がいくつかある。五世紀なかばに高句麗から沙門墨胡子《さもんムッコジャ》が来て三宝の霊験を伝えた。五世紀末には、阿道が経律を教えた。そのころには少なくとも王室で仏教は信奉されており、王宮内には持仏堂があった。正式の受容に際しては、異次頓《イチャドン》の殉教がよく知られている。法興王《ポップンワン》は、王室の仏教信仰を可視的に表示するものとして、興輪寺《フンニュンサ》を創建しようとしたが、群臣の反対がおこった。近臣の異次頓が、自分を犠牲にして仏法を興すように王に説き、死に臨んだ異次頓が、仏にもし霊験があれば自分が死んだのちに必ず異変があろうと、予言した。異次頓の首が斬られると、あふれ出た血は乳白色で、首は飛んで王京の北にある金剛山に落ち、天は光を失い、地は震動した、という。それをみた群臣たちも、ふたたび反対することはなかったという。その後、興輪寺が完成する前に王は死に、あとをついだ真興王《チヌンワン》が完成させた。法興王妃もまた尼となり、興輪寺の近くに永興寺《ヨンフンサ》を造っている。このように正式に認められた仏教は、当初から王室と深く関わっていたことがわかる。

新羅において最も重要な寺院は皇龍寺《ファンニョンサ》である。当初は、王宮を造営しようとして、工事をはじめたところ、黄龍が現れたので、急遽、寺に改めた、という伝承があり、発掘を通しても、創建伽藍は、一般の寺とは異なり、宮殿のような構造をしていた。このように皇龍寺は、王室と深い関わりをもって創建されたが、七世紀なかば以降は、護国仏教の中心道場的な役割をになうようになっていく。それは新羅仏教が、王室仏教から、護国仏教へと転換していくことと対応している。ひときわ高い木造九層塔と本尊丈六仏は、新羅三宝の二つであり、外敵を折伏する霊威が期待された。

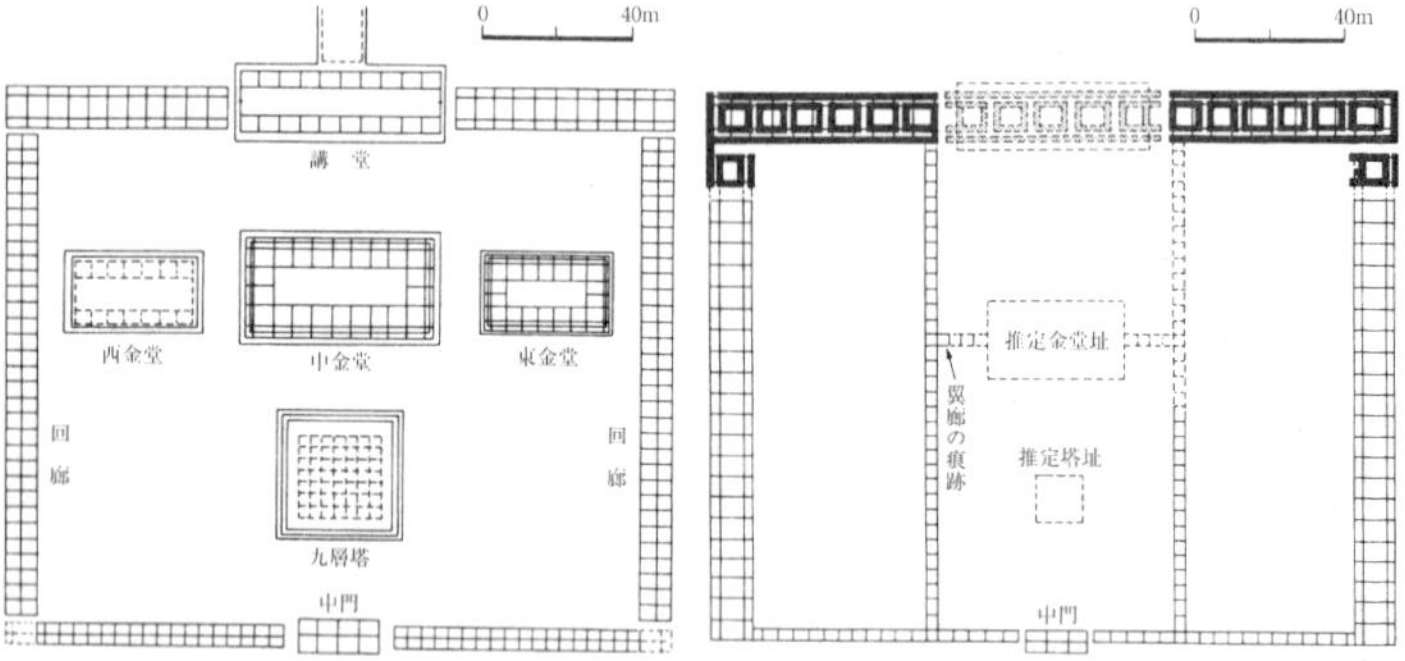

図７　皇龍寺創建伽藍推定図（右）と皇龍寺の重建伽藍計画図（左）

図８　皇龍寺址（南から望む）

新羅僧は、中国へ留学するものが多く、『宋高僧伝』などにも、多くの入唐僧がのせられている。入唐しなかった元暁《ウォニョ》ものせられており、唐でも広く知られていたことがわかる。元暁は多くの著作を残し、唐の華厳宗の大成者法蔵に大きな影響を与えた。入唐した義湘《ウィサン》は、法蔵の兄弟子にあたり、やはり大きな影響を与えている。この両者が、日本の華厳宗にも影響を与えることになる。七世紀なかばには密教が伝来し、神印宗が開かれた。八世紀には禅宗が伝来し、それまでの教学仏教にかわって盛んになっていった。新羅ではまた浄土信仰も伝わり、庶民に流行した。

図９　芬皇寺模塼塔

新羅寺院の伽藍配置については、新羅が三国を統一してからあとは、ほぼ共通して双塔式伽藍であるが、それ以前は、さまざまな配置をしていた。双塔式とは、中門の内側に東西に塔があり、金堂・講堂がその北側に並ぶもので、日本では薬師寺にみられる。すなわち薬師寺の伽藍配置は、新羅的といえるのである。それに対して、統一以前は、皇龍寺が、一塔三金堂式で、三金堂は東西にならぶ、独特な配置である。芬皇寺は高句麗的な一塔三金堂式であった。高仙寺《コソンサ》と推定されている徳洞ダム水没地の寺址は、三層石塔を中心に廻廊をめぐらした西区（塔院）と、金堂を中心にして南北に中門・講堂を配し、廻廊でつないだ東区（金堂院）に区分される、特異な構造であった。

朝鮮は石の文化といわれ、寺院関係でも石塔・石燈・幢竿《どうかん》支柱・石階など残っているものが多いが、それは戦乱にあっても残ったということであり、皇龍寺の九層木塔も一三世紀の蒙古の侵入の際に焼かれてからは再建されることがなかった。ほかにも本来は木塔など木造物が少なくなかったのであり、その点には注意を要する。

百済と日本の関係史

最後に、古代の朝鮮、特に百済と日本（倭）との関係史を概観しておきたい。

百済と倭国との関係は、四世紀後半に始まる。『日本書紀』によれば、三六六年に倭国の使者が、加耶の卓淳《とくじゅん》《タクスン》に行った時に、卓淳王から次のような話を聞いた。二年前に百済から使者がやってきて、倭に行きたいと言ったが、ここから船をととのえて渡らなければならないと伝えると、そうした装備はないからあきらめるが、もし倭国から使者が来るようなことがあれば、伝えてほしいと言って帰った、と。それを聞いた倭国の使者が、自分の従者を百済に送り、百済では王が歓待し、それを送って百済から卓淳へ、さらに倭国へと使者が送られてきた。こうして百済と倭国との交渉がはじまった、というのである。この説話は、さらにそのあとに、百済が倭国へ「朝貢」してくる起源になる話をつづけており、それ自体は問題であるが、卓淳とは加耶の一国で、海岸に近い、現在の昌原《チャンウォン》あたりにあったと考えられる。つまり、加耶諸国のなかでは、南部にあった国とみているのである。

百済がこの卓淳へ使者を派遣したのは、百済が高句麗と対抗していく必要があり、南のほうに友好な勢力を求めようとしてのことである。現在のソウル江南にあった百済が、加耶の南部に遣使するとすれば、それは沿岸航路をとってのことであり、そうしたルートは、例えば、帯方郡の使者が、邪馬台国へ来る時に用いたルートであり、古くからよく知られたルートであった。卓淳へ百済使が来て、倭国使も卓淳へ行き、そのあとに倭国から百済へ、百済から倭国へと通交関係が始まるようになった、というのは、つまり、百済と加耶南部との交流があり、またそれとは別に、倭国と加耶南部との交流があり、それらを前提にして、加耶南部の国が仲介するかたちで、百済と倭国との関係が始まった、ということを象徴的に示すものととらえることができる。そしてそれはまた、その程度の事実を背景にしていると考えることができる。

文化的な交流は別にして、日本の外交関係は、まず加耶の東南端で、現在の金海にあっ

図10　広開土王碑

た狗邪《クヤ》国（金官国《クムグァン》）との間に、いちはやく成立する。それはその位置からみて、極めて自然なことである。そのあと、百済と加耶南部との関係が成立し、加耶南部が仲介するかたちで、百済と倭との通交関係がはじまるということである。この百済・加耶南部・倭という関係は、いわば同盟関係であり、基本的にはそれが六世紀初めまで維持される。

このような百済と倭との通交開始は、奈良県天理市の石上神宮《いそのかみ》に伝わる「七支刀」という特異な形態の剣に象嵌された銘文を通しても、確認することができる。それによれば、三六九年に百済王世子が倭王のために七支刀を造って贈ったことを記している。それは両国が正式な外交関係を樹立したことを記念したものととらえることができよう。

そうした関係に基づいて、倭王権の朝鮮半島への「出兵」を記したのが「広開土王碑」

(吉林省集安市《チーアン》)である。碑文において、倭は高句麗にとっての最大の敵として構想されており、高句麗と倭との二大勢力圏にはさまれて百済・新羅が揺れ動くさまを記している。倭を、「倭賊」「倭寇」とよぶ碑文の蔑称から単純に海賊であると考えたり、九州あたりの小さな勢力とみようとする意見があるが、それは碑文全体をふまえた理解とはいえない。しかし高句麗の立場で、ことに広開土王を顕彰する目的で建てられた碑文を、そのままに事実として受け取るのも危険である。倭を実質以上に大国視し敵視して、それと結びつこうとする新羅・百済を自分の側に引き戻そうとするのが正当な行動であると主張する意図がくみとれるからである。ただ百済や新羅の倭への入質は『三国史記』にも伝えており、まったく否定するわけにはいかない。したがって三九一年以来、倭が海を渡って出兵したことは史実として受け取る必要がある。三九六年、百済は広開土王の親征によって五八城を奪われる大打撃を受け、いったんは高句麗に降る姿勢をみせるが、けっきょくそれはその場かぎりのもので、百済はほぼ一貫して倭と連合する。また高句麗が、新羅にいる倭兵を逐って任那加羅にまで侵攻したさい、安羅人の戍《じゅ》兵(守備兵)が登場して高句麗と戦っており、加耶南部諸国は百済と倭の側に立っていたことが確認される。

このように、両資料は倭王権が百済および加耶南部諸国と同盟を結び、そしてその関係のもと朝鮮半島に出兵することを伝えるものであるが、それによって百済が倭に従属するとか、さらには朝鮮半島南部を支配するに至ったと捉えることはできない。

百済・加耶南部・倭の同盟関係は、六世紀はじめまで維持される。百済は五一二年以後、加耶へ進出する。前述の己汶《キムン》《こもん》・多沙《タサ》《たさ》地方、つまり南原・蟾津江《ソムジンガン》・河東《ハドン》地方へと南下する。そのころ、新羅も、東から加耶南部地方へ進出し、金官国・卓淳国を攻め落とし、安羅に迫った。百済は、同盟関係にあった安羅からの救援要請を受けて、安羅に進駐した。五三一年のことである。加耶における百済・新羅二大勢力の対峙は、安羅を境にして、しばらくつづくことになるが、五四一年、百済が新羅に和議を求め、いったん収束する。しかしそのいっぽうで、百済は残っていた加耶諸勢力をみずからの支配下におくことを模索し、加耶諸国に干渉する。五四一年から、百済の王都で開かれた、いわゆる「任那復興会議」がそれである（『書紀』欽明紀）。その時、安羅は、むしろ新羅寄りの姿勢をとるようになっており、百済はその背信行為を認めたくなかった。ここで倭は、安羅の側に立って、百済の要求をおさえようとしている。この点からすれば、倭がたえず、百済を第一の友好勢力と考えていたわけではない、ということがうかがえる。しかし外交とはそういうものであり、常に自己の利益を優先させるのであり、その時にも、百済の思惑を重視するよりは、安羅の意向を尊重したのであろう。

六世紀なかばに、新羅が勢力を拡大し、高句麗と対抗するようになると、高句麗が倭に接近してくる。七世紀に入り、百済と新羅が対決すると、新羅も倭に救援を求めるようになる。このように、朝鮮半島のなかで対立があり、そうした対立において優位に立ちたいときに、倭が利用されることが多い。それは必ずしも倭の絶対的な力量のためとはいえず、背後に友好な勢力を確保しておきたいと考えるためである。朝鮮半島の諸国にとって、まずは朝鮮半島のなかでの対立が第一の課題なのであり、それが解消すれば、友好な倭は、必ずしも必要ではないのである。ここで改めて注意を喚起しておきたいことは、そのような実状と、現在の国境とを結びつけて考えるべきではないということである。百済にとっては、例えば高句麗は、同じ半島内にあるとはいえ、六四二年までは決して近しい国ではなかったし、倭のほうがはるかに近い国であった。独立したそれぞれの国が生き延びていくには、そうした外交関係が必要であった。倭に対する位置づけを、現在の国境で考えてはいけないのである。

七世紀になっても、百済と倭との基本的に友好な関係は維持される。高句麗と結んだ百済は、唐と結んだ新羅と対抗するが、倭は古くからの関係に即して、百済側に立つのである。しかし百済は、六六〇年に唐・新羅連合軍によって王都が陥落し、熊津に逃れた義慈王が降伏して滅亡する。

ただし、短期の戦闘で降伏したため、さいわい国土もそれほど蹂躙されず、民力も疲弊

図11　白村江の有力な候補地、錦江河口

しないままであった。そこでまもなく鬼室《クイシル》福信《ボクシン》らを中心とした遺衆の復興運動がおこる。福信らは任存城《イムヂョンソン》（＝任射岐山《にざぎのむれ》。忠南大興《テーフン》）、餘自進《ヨヂャヂン》らは周留城《チュリュソン》を根拠にして、泗沘《サビ》・熊津城《ウンヂンソン》の唐軍や新羅軍を攻撃した。その情報はかねてより連合していた倭国にもすぐにもたらされ、さらに福信らは貴智《クイヂ》らを派遣して救援を要請するとともに、質子《ちし》として滞倭中の王子豊璋《ブンヂャン》の帰国を乞うた。六六一年、斉明《さいめい》天皇は救援軍派遣を決めみずから朝倉宮《あさくらのみや》（福岡）に遷ったが、そこで亡くなり、中大兄《なかのおおえ》皇子が称制して遠征事業を継続した。豊璋には織冠《しょっかん》を与え、多臣蔣敷《おおのおみこもしき》の妹を妻とし、兵五千に衛送させた。六六二年、豊璋は福信らに迎えられて王として擁立され、遺衆の勢いも増した。しかしまもなく内紛があり、六六三年六月には豊璋が福信を殺した。救援軍は八月二七日に白村江に到着したが、翌日までに唐の劉仁軌《りゅうじんき》らの率いる水軍に破れ、四〇〇艘が焼かれ、煙炎は天を焦がし、海水は赤くそまったという。豊璋は北に逃れた。九月には周留城も降り、国人たちは「百済の名、今日に絶えん」と嘆いた。

以上のように、四世紀後半から、滅亡後の六六三年まで、百済と倭との友好関係は基本的につづいていたとみることができる。そうした関係のもとで、多くの百済人が、日本に移住したのである。

扶餘長蝦里三層石塔舎利具について

申光燮

序文

塔や浮屠《ふと》を造成する目的は舎利《しゃり》を奉納することにある。この舎利を奉納するためには容器が必要であり、これらを舎利器という。そして舎利を入れる舎利器を奉納しようと当時、僧、俗人たちは様々な供養品をささげ、また、舎利を華麗に飾るため、より荘厳にしていった。これらを最近、一九九一年、国立中央博物館で開催した舎利荘厳具特別展を通じ、舎利荘厳具と通称していう。

色々な塔で発見される舎利荘厳具は、当時の信仰、習俗、工芸、美術の諸般研究に使用されるという役割を担ってきた。本稿では扶餘長蝦里《プヨチャンハリ》三層石塔から発見された舎利荘厳具に関して探ってみようと思う。[1]

舎利荘厳具発見の経緯

この石塔は二回にわたって舎利荘厳具が発見された。最初は一九三一年で、発見された部位は塔の基壇部《きだんぶ》という説があり、また、初層塔身部《しょそうとうしんぶ》という説もある。このように二つの説があるが、実際は初層塔身の基壇部と思われる。なぜなら、大部分の舎利荘厳具が初層塔身の基壇部上で発見されており、また、基壇部上と初層塔身の基壇部は相接しているからである。

図１　扶餘長蝦里三層石塔　高麗　高4.85m
（忠清南道　扶餘郡場岩面長蝦里）

　発見された内容は、梵字《ぼんじ》で記された陀羅《だら》尼経《にきょう》の断片と銀製盒《ごう》、木製盒、象牙製如来《ぞうげせいにょらい》立像《りつぞう》、木製小塔三基、水晶、玉《ぎょく》、銀製環などである。おそらく、当時の基壇部に大きな亀裂があり入るなどして著しく攪乱《かくらん》され、内部を含めて補修しようとした際に、これらの遺物が発見されたと推測できる。この発見は、盗掘を未然に防ぐという側面もあった[②]。

二つ目の発見は一九六二年八月である。基壇が攪乱され、基壇の面石一枚が欠失していたため、塔の景観を損なうことは勿論、倒壊の恐れがあったことから、解体補修工事がなされ、その最中、二層塔身上面中央の円形舎利孔《しゃりこう》より発見されたようだ。当時、舎利孔は香木を円形に削り、蓋《ふた》をしており、この内部に金銅製瓶と銀製瓶があった。

銀製瓶は金銅製瓶に入れられた状態であり、間違いなく、これらが内外舎利器のことを物語っている。この中央に極めて小さな真珠七粒(白六、黒一)が紙に包まれ銀製瓶に詰められていた。金銅製瓶の入り口も紙を丸めて詰めており、この紙の中には緑豆よりさらに小さな白色真珠三八粒が絹糸でつなげて、模様組みされていた。これら舎利器および荘厳具は布に一緒に包まれており、また、この周囲は紫丹《したん》香の粉末、すなわち香木の顆粒《かりゅう》でぎっしりと覆われていた。

舎利荘厳具の内容検討

二カ所に分けて奉納された舎利荘厳具を総合的にみると、二層塔身の上面で発見された内外舎利器が最も中心をなす舎利で、この残りを初層塔身の基壇部に埋納され、それが供養具、荘厳具だと判断できる。最初に舎利器に関して探ってみようと思う。

内舎利器である銀製瓶にはどのような文様もない。この状況は十二世紀前半にみられる伝高麗仁宗長陵出土の青磁瓶とも合致する。外舎利器である金銅製瓶には下端の台足の接地面と胴体の口縁部に八弁の蓮華文帯を遺している。これは、まるで梵鐘《ぼんしょう》の上帯、下帯を連想させる。この残りの空間は折枝形の蓮華唐草文と魚子《ななこ》文などでびっしりと覆われていた。特に金銅製瓶には両取手に環を吊るし、垂らしており、一方は一一環、もう一方は一二環からなる。外舎利器の蓋は八角で処理され、まるで八角浮屠《ふと》の屋蓋石《おくかいせき》を連想させる。

内外舎利器の蓋の形態は真珠をあたかも塔の相輪のように積み上げたような形態で、外舎利器は四段、内舎利器は二段である。全体的に見れば、この舎利器は蓮華文または蓮華文と関連した模様を呈したものを表している。これは舎利器が持つ一般的な状態である。

特に外舎利器の胴体にある文様は、蓮華唐草文とその外周の空白に魚子文がびっしり施

図２　木製金漆小塔と象牙製如来像　塔高2.3／3.6／4.2㎝　像高5.2㎝（国立扶餘博物館所蔵）

図３　銀製舎利瓶（内壺）と金銅製舎利瓶（外壺）　高さ3.9／9.5㎝　（国立扶餘博物館所蔵）

してあり、これは益山王宮里《イクサンワングンニ》五層石塔出土の金製方形舎利器、青陽道林寺《チョンヤントリムサ》址出土の方形舎利盒[3]と通じる特徴である。これらは、あらゆる隣接する地域での一つの地域様式であると言える。また、益山王宮里五層石塔やここで発掘された舎利器の年代をおおむね十世紀ころと推測でき、このことは間違いなく、長蝦里三層石塔舎利器の年代推定の手掛りになるであろう。

　また、この外舎利器には折枝形の蓮華唐草文以外に山水と鳥文様とがある。蓮華文と同じく全て、仏教国の主要な荘厳である。特に山水は須弥山《しゅみせん》を、鳥は須弥山の迦陵頻伽《かりょうびんか》や鳳凰《ほうおう》を称している。

「小塔七七基や九九基を作り、塔中に奉安すれば災厄を振り払え、極楽往生できる」という内容が『無垢浄光大陀羅尼経《むくじょうこうだいだらにきょう》』に載っている。これに立脚し、統一新羅時代の八世紀ころから塔中に小塔を安置するようになり、特に統一新羅時代末期に大流行となった。この代表的な例は、伝大邱桐華寺《テーグトンファサ》石塔出土の小塔、陜川海印寺《ハプチョンヘインサ》吉祥塔《キルサンタプ》出土小塔、襄陽禅林院《ヤンヤンソルリムウォン》址出土小塔[4]である。この時は、七七基や九九基と言う儀軌《ぎき》を比較的忠実に倣っているが、高麗時代になると、簡略化されていった。

　扶餘長蝦里三層石塔の発見小塔は三基が納入され、高麗時代の形式的な小塔供養の側面を呈している。そして、これらは高さが一定でなく、層首は三層が一基、五層が二基である。

基壇が低く、層別の逓減《ていげん》が小さく、急激な傾斜面は高麗十二世紀ころの塔と近似している。

　基壇で発見された銀製盒と木製盒は一緒に発見された陀羅尼経の断片と象牙で造られた如来立像、木製小塔三基、水晶、玉、銀製環を入れる容器であろう。この中心の陀羅尼経の断片は『無垢浄光大陀羅尼経』と関連していると推測できる。

　如来立像の服飾、方形台座、そして、方形状に安置された比較的広く造られた蓮華座等は、高麗時代の仏像様式である。如来立像の材質は象牙である。象が仏教で仏舎利を運搬し、普賢菩薩《ふげんぼさつ》の台座で登場することはあっても、仏像の材質で登場することは韓国では例をみない。

　また、注目すべきことは、この如来立像の台座に「申女」という銘文があることである。これは、勿論「申氏」姓を持つ女性を意味する。この塔を建てるとき大功徳主《だいくどくしゅ》が、申女の往生極楽を祈願したものと見受けられる。この銘文の申氏は過去より現在、扶餘[5]は勿論のこと、近隣の舒川《ソチョン》の庇仁《ビイン》等には広範囲に集姓する村が存在し、村に住む平山申氏等と関連するのではないかと推測できる。しかしながら、高麗時代や朝鮮前期の事情を詳細に示している人文地理書院の『新増東国輿地勝覧』の「扶餘県」、「林川郡」、「石城県」の姓氏欄には全く申氏が記載されていない。

結論

この塔で重要な特徴はやはり、舎利を二層塔身上面中央に奉納し、その他供養具と荘厳具は初層塔身の基壇部に奉納されている点である。舎利を尊崇する一つの側面が現れていると言えよう。また、舎利荘厳具の内容にも舎利はもちろんのこと、如来立像と陀羅尼経の断片が同時に同一塔内に奉納されていたこともしばしば見る事例である。

現在、舎利器の状態と文様、そして小塔と如来立像を通じ当時のことを推定できる。内舎利器の状態が十二世紀前半作とみられ、伝高麗仁宗長陵《インジョンチャンスン》出土青磁壺と合致し、また、外舎利器の文様配置や金属工芸の基本が、十世紀にみられる益山王宮里五層石塔出土舎利器と、十二世紀ころにみられる青陽道林寺址三層石塔出土舎利器と合致する。特にこの舎利器の文様表現は益山王宮里五層石塔出土舎利器よりは若干、形式化し、造形的で整然としておらず、時代は十世紀より下ると考えられる。

奉納された木製金漆小塔は三基のみであるが、これは形式的に簡略化された高麗時代の小塔供養の傾向に従っている。小塔は低い基壇と急激な傾斜、そして緩やかな逓減率《ていげんりつ》等を入れ考察すると、十二世紀ころ高麗石塔様式と一致する。

象牙製如来立像の場合、銘文「中女」が供養主とどんな関係があるのかを解らせる。また、象牙製という極めて特有の材質にも注目すべきである。台座、服飾、仏身バランスを通して見た時、十二世紀だと推定できる。

①扶餘長蝦三層石塔で舎利器を発見した経緯、および内容は、金永培「扶餘長蝦里石塔의舎利蔵置」、『考古美術』第四巻第三号通巻三二号(一九六三・三)があり、その他、これを紹介した図版と解説を載せた本は、国立中央博物館刊『仏舎利荘厳』(一九九一年)と国立扶餘博物館刊『国立扶餘博物館』(一九九三年)がある。扶餘　定林寺址五層石塔は益山　弥勒寺址石塔とともに百済時代に作られた韓国を代表する石塔である。これらは後に高麗時代に百済旧地があった忠清道、全羅道地域の石塔様式にも影響を及ぼした。結果、今日の学会ではこれらを総称し〈百済系石塔〉と呼んでいる。この塔は百済様式の塔で定林寺址五層石塔と最も近い里に位置する塔であり、意義深い。

②これと同じ理由で塔の補修を行うことは多かった。最近の例で〈百済系石塔〉の代表は、益山王宮里五層石塔である。この塔は一九六八年ころ、基壇が傾き、塔の倒壊のおそれがあり、亀裂もあって、初層塔身内部が見え、盗掘の心配がなされた。塔の前面が傷み、補修してある。基壇部上の舎利孔に舎利荘厳具が発見されたので、当時三回の舎利孔の中心一カ所に盗掘できるかわからない穴が開けられた。『仏舎利荘厳』に益山王宮五層石塔出土の舎利器は図13で所収。

③『仏舎利荘厳』の青陽　道林寺址石塔出土の舎利器は図50で所収。

④『仏舎利荘厳』の伝　大邱桐華寺石塔出土小塔は図21、陜川　海印寺吉祥塔出土小塔は図27、襄陽　禅林院址出土小塔は図33で所収。

⑤一九一〇年代に扶餘県、林川郡、石城県を統合し、扶餘郡を創立した。

伽藍配置

伽藍とは、梵語のsaṃghārāma（僧伽藍）の略で、僧侶らが住んで仏道を修業する、清浄閑静な場所のこと。後に寺院の建築物をさす言葉となった。これら建物の位置関係は、中国、朝鮮の影響を受けながら変化していった。

日本最初の本格的寺院である奈良の飛鳥寺《あすかでら》の場合のように、本来は仏舎利を納めた塔が中心にあったが、やがて本尊を安置する金堂と学問のための講堂が重視されるようになり、塔は東西二つが外側に建てられるようになっていった。

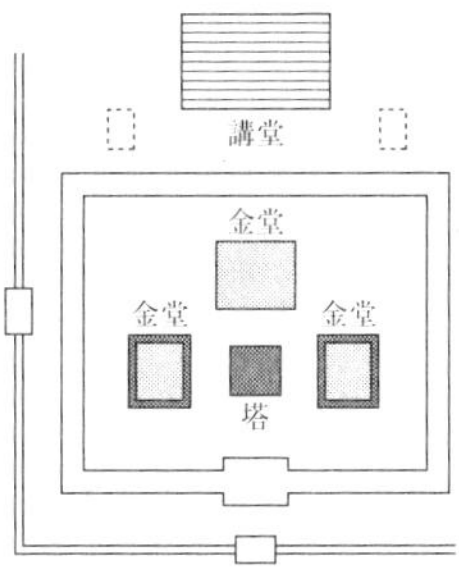

飛鳥寺（6世紀末）の伽藍配置
奈良に創建された日本最初の本格的寺院で、高句麗の清岩里廃寺に原形がある。

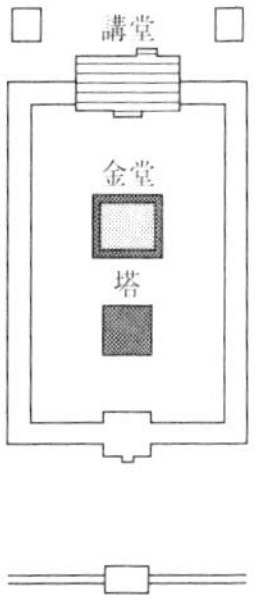

四天王寺（7世紀初め）の伽藍配置
南北一直線に並ぶ配置は、百済の寺院に原形がある。

舎利容器

舎利とは、梵語でśarīra（遺骨）の意で、釈迦の遺骨を象徴するもののこと。これを安置する場として塔がつくられるようになった。インド、中国、朝鮮、日本など仏教が伝わった地域に多くの遺例がある。日本の舎利容器は、塔心礎の上面や側面に穴をあけて安置したり、塔擦柱の上方に安置している。

滋賀県大津市の天智天皇勅願の寺と伝えられる崇《すう》福《ふく》寺跡から発見された舎利容器は、水晶の舎利を三粒納めた瑠《る》璃《り》（ガラス）壺を、金製内箱、銀製中箱、金銅製外箱で入子《いれこ》にされており、銀箱と金銅箱の隙間に紫水晶と南京玉、容器の外には荘厳具が置かれていた。国宝に指定。

蒲生町の歴史と文化

櫻井　信也

蒲生町域の地形

蒲生町域の地形は、山地と丘陵地、そして段丘と沖積低地（扇状地・三角州）に区分される。沖積低地は、約一万八千年前から二万年前の最終氷期（ヴュルム氷期）の最大海面低下期以降、現在に至る堆積作用によって形成され続けている部分であるが、蒲生町域の沖積低地は、日野川と佐久良川によって形成されたものといえる。蒲生町域の中央部を日野川が北西方向に、佐久良川が西方向に流れ、町域の北西部でこの二つの河川が合流する。この周囲には、北辺に八日市丘陵が、東部には日野丘陵があり、南部には水口丘陵があるが、これらの丘陵地は最終氷期以前の更新世《こうしんせい》の時期に形成された地形である。この丘陵と沖積低地の間には、大塚段丘ほかの段丘がある。

蒲生町域に含まれる山地は、布施山（玉尾山）の南斜面と雪野山（竜王山）の南端で、これらの山地は湖東流紋岩《ことうりゅうもんがん》で構成されている。この湖東流紋岩は、約七千万年前の中生代《ちゅうせいだい》末の白亜紀《はくあき》における日本列島の火山活動の産物で、その大部分は火山活動によって破砕された岩石片や軽石、火山灰が渾然《こんぜん》となって地表を流下した火砕流《かさいりゅう》が堆積固結した火砕流堆積物である。その分布は、東は鈴鹿山脈の西側から西は近江八幡市の沖島《おきのしま》まで、北は彦根市荒神山《こうじんやま》から南は近江八幡市の範囲に及んでいる。

旧石器時代と縄文時代の遺跡

蒲生町域では、現在のところ旧石器時代に遡る明確な遺跡は見つかっていないが、大正二年（一九一三）には大字木村小字蛭子田《えびすだ》の水田から有舌尖頭器《ゆうぜつせんとうき》が採集されている。また、八日市丘陵の北側にあたる八日市市の大森町池ノ谷や土器町庚申溜《こうじんだめ》、芝原町玉緒《たまお》でチャートの剝片や尖頭器の破片が採集されており、日野丘陵の日野町西大路薬王寺溜《やこうじだめ》や上野田北《きた》代《だい》、寺尻風呂流《ふろながれ》でも有舌尖頭器が出土していることから、将来、蒲生町域の丘陵地で旧石

図1　麻生遺跡の竪穴住居（滋賀県教育委員会提供）

器時代の遺跡が見つかる可能性がある。

縄文時代では、大塚城遺跡の発掘調査で縄文時代草創期の石槍が出土しているが、蒲生町域における人々の生活の痕跡がもう少し明らかになるのは、縄文時代後期の杉ノ木遺跡である。杉ノ木遺跡は日野丘陵の西端部の大塚段丘上に位置する遺跡で、竪穴住居などの遺構は発見されていないが、磨消縄文《すりけしじょうもん》を付けた土器が出土している。杉ノ木遺跡からは、縄文時代晩期の刻目《きざみめ》突帯文《とったいもん》を付けた土器も出土している。縄文時代晩期の土器は、市子遺跡からも出土しているが、この晩期の遺跡としてあげなければならないのは、集落の跡が初めて確認された麻生遺跡である。

麻生遺跡では、昭和六十年度の調査において、竪穴住居・土壙・柱穴群・甕棺墓などの遺構が検出され、竪穴住居からは打製石斧《せきふ》と石鏃《せきぞく》、そしてサヌカイトの剝片が出土した。これは、この竪穴住居で石器の製作が行なわれていたことを示すものである。麻生遺跡からはほかにもサヌカイト製の石鏃と石匙《いしさじ》が出土し、石皿《いしざら》や石棒《せきぼう》、凹石《くぼみいし》も出土している。

弥生時代の遺跡

弥生時代前期には近江にも稲作が伝わったが、蒲生町域では弥生時代前期の遺跡は今のところ確認できていない。初期の段階の稲作は、地下水位が高く、灌漑設備を必要としない細粒グライ土壌と呼ばれる土壌の地域で行なわれることが多かったと考えられるが、蒲生町域は細粒灰色低地土壌と呼ばれる細粒グライ土壌よりも生産性の高い半湿田（半乾田）型の土壌に立地しており、ここに水田を経営するためには灌漑設備が必要であり、農業技術の進展を待たねばならなかったのである。

中期になると、市子遺跡やアリヲヲジ遺跡がまず出現し、その後、野瀬《のせ》遺跡が出現する。市子遺跡では、総数三十基以上にわたる方形周溝墓が確認され、アリヲヲジ遺跡では土壙《どこう》

図2　市子遺跡の方形周溝墓

墓《ぼ》群が検出された。野瀬遺跡でも、方形周溝墓が確認されたが、方形周溝墓や土壙墓を営んだ集団の集落は明らかにはなっていない。これらの遺跡は、細粒灰色低地土壌に立地している。続く後期になると、麻生遺跡、田井遺跡、堂田遺跡、外広遺跡、平塚遺跡、杉ノ木遺跡で遺構が確認され、竪穴住居が田井遺跡、堂田遺跡で検出され、方形周溝墓が麻生遺跡、外広遺跡、堂田遺跡で検出されている。遺跡の分布をみると、日野川支流の古川に接するように、右岸に市子遺跡、平塚遺跡、左岸に堂田遺跡、田井遺跡、麻生遺跡が立地しており、これらの集落の水田経営は古川からの灌漑用水を利用したものと考えられる。

古墳時代の集落

古墳時代には、前期に杉ノ木遺跡や田井遺跡、堂田遺跡で竪穴住居が検出されている。古墳時代中期には、引き続き、田井遺跡や堂田遺跡で集落が営まれるほか、野瀬遺跡、市子遺跡、麻生遺跡でも新たに集落が形成される。この時期の蒲生町域の中心的な集落と考えられるのは、堂田遺跡である。

堂田遺跡の竪穴住居には竈《かまど》を設置したものもあり、この時期に従来の炉《ろ》に代わって竈が導入されたことが知られる。また、堂田遺跡では流路が多く検出されていることから、大規模な治水工事が行なわれ、これによって新たな水田の開発が進められたものと考えられる。出土遺物を見ても、昭和六十一年度の調査で、古川B区とC区の自然流路から四点の馬鍬《まぐわ》が出土したことはこれを裏付けるものである。馬鍬は牛馬などの畜力によって、鋤《す》き起《お》こしした水田の土を砕き掻きならす「代掻《しろか》き」に用いる農具である。堂田遺跡から出土した三本の馬鍬は、いずれも全長一二〇センチメートル以上の角材の台木に、九本から一一本の歯が付く形態のもので、このような大型の鍬による代掻きは、人力ではなく牛馬などの畜力によるものと考えなければならない。農耕に牛馬が用いられたことは、耕地面積

図３　堂田遺跡の竪穴住居（滋賀県教育委員会提供）

図４　堂田遺跡出土の馬鍬
（滋賀県教育委員会提供）

が拡大したことをも意味している。

また、別の流路からは、およそ百点の手捏《てづく》ね土器と土師器の高坏、滑石製臼玉《かっせきせいうすだま》が出土し、この流路の岸には杭が残存していたことから、これらは水に関わる祭祀の痕跡と考えられる。水に対する信仰心を窺わせるものである。このほか、堂田遺跡からは、初期須恵器の甑や器台、甕が出土しているが、これらの初期須恵器は周辺の遺跡では出土しておらず、堂田遺跡の集落は、他の集落よりも政治的にも経済的にも卓越していたことを窺わせる。

古墳と古墳群

蒲生町域には前方後円墳は存在しないが、湖東地域には、滋賀県でも早い時期に造営された前方後円墳が存在する。その一つは繖《きぬがさ》山(観音寺山)の西尾根の先端に造営された安土瓢簞山古墳であり、あとの一つは雪野山(竜王山)の山頂に造営された雪野山古墳である。墳丘の形態や副葬品からみると、雪野山古墳のほうが安土瓢簞山古墳よりも早く造営されており、雪野山古墳の被葬者は初期大和政権の中枢勢力と深い結び付きのもとに政治活動を行なっていたと考えられる。雪野山古墳の位置する湖東平野が大和盆地から濃尾平野や伊勢湾岸に至るルートの中継点にあることも、この被葬者が初期大和政権の東方政策に深く関わった首長であったことを推察させるものである。

この雪野山古墳の被葬者を考えるにあたっては、周辺の遺跡の分布が一つの手掛かりとなるが、雪野山古墳から眺望できる範囲に弥生時代後期から古墳時代前期にかけての集落遺跡を求めると、先にみたように、日野川中流域にあたる蒲生町域に麻生遺跡、田井遺跡、堂田遺跡、市子遺跡などが営まれており、この地域が被葬者の本拠地である可能性が高いと考えられる。

古墳時代中期になると、蒲生町域に木村古墳群が形成される。この古墳群は、日野川と佐久良川が合流する地点から北へ一キロメートルほど離れたところに所在し、先に述べた雪野山古墳は西に約一・五キロメートルの距離に位置している。

昭和三十五年(一九六〇)の段階では、天乞山《あまごいやま》古墳、久保田山《くぼたやま》古墳、ケンサイ塚古墳、入《いり》刀塚《たちづか》古墳、蝙蝠塚《こうもりづか》古墳、石塚古墳の各古墳が地表に墳丘を残していた。このうち、天乞山古墳、久保田山古墳、ケンサイ塚古墳、石塚古墳の規模が明らかになり、新たに神輿塚《みこしづか》古墳の調査も行なわれている。

天乞山古墳は、墳丘が一辺約六五メートルの方墳で、南北両側に造り出しが付くものである。四周には幅二二~二五メートルの周濠が廻る。久保田山古墳は、墳丘が直径五七メ

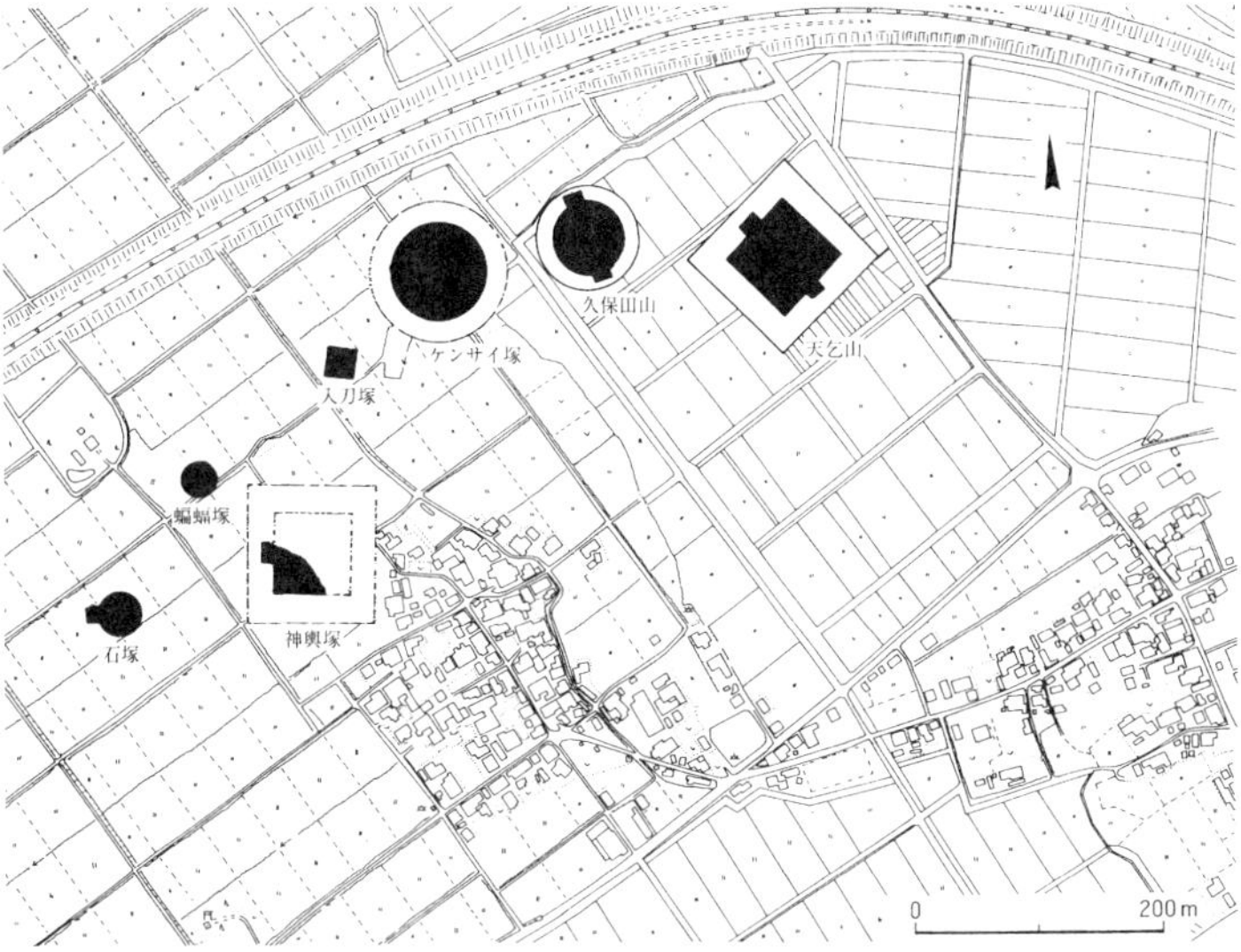

図5　木村古墳群の分布

ートルの円墳で、南北両側に造り出しが付くものである。ケンサイ塚古墳は、最も早く昭和三十五年に調査された古墳で、墳丘が直径約七〇～八〇メートル、高さ約一〇メートルの円墳で、墳丘の周囲には周濠が廻ることが判明している。調査の後に破壊されたが、円墳としては規模が大きいことから帆立貝式古墳であった可能性があり、天乞山古墳や久保田山古墳の例からすると造り出しを付した円墳であったとも考えられる。石塚古墳は、直径約四〇メートルの円墳で、西方向に造り出しが付されたものである。神輿塚古墳は水田下から新たに発見された古墳で、造り出しを付した墳丘の西辺が四八メートル分確認された。全体が明らかになったわけではないが、墳丘は一辺七〇メートル前後の方墳で、造り出しを付したものと推測される。

これらの古墳の築造年代は、天乞山古墳が五世紀前半で最も早く、これに継いで神輿塚古墳、久保田山古墳が築造され、五世紀中ころにケンサイ塚古墳、五世紀後半に石塚古墳が築造されたものと考えられる。入刀塚古墳ほかの古墳がこれに続くと考えると、木村古墳群は、六世紀初めまで継続して造営された古墳群ということになる。

木村古墳群で特徴的なところは、造り出しを有する墳丘を持つというところにある。墳丘の造り出し部は、首長継承儀礼が行なわれた空間と考えられているが、天乞山古墳、久保田山古墳、ケンサイ塚古墳、神輿塚古墳は墳丘規模も大きく、首長墓とするにふさわしい。すなわち、木村古墳群は、首長墳が継続して営まれた古墳群であり、先に述べた堂田遺跡の事例からすると、この被葬者は先進技術をもって、日野川中流域の開発を推し進めていったものと考えられる。

古墳時代後期になると、蒲生町域でも多くの群集墳がみられるようになる。雪野山山麓南端には、定石《さだいし》古墳群、火打谷《ひうちだに》古墳群、天狗前《てんぐまえ》古墳群があり、布施山山麓には稲垂山《いなたりやま》古墳群や千石岩屋《せんごくいわや》古墳があり、日野丘陵周辺には飯道塚《はんどうづか》古墳群や七ツ塚古墳群のほか、大塚古墳、頂塚《ちょうづか》古墳、東大塚古墳、飲《のみ》ガ塚《づか》古墳などが分布している。その多くが横穴式石室の構造をとるが、天狗前古墳群の七号墳と一〇号墳は、横口式石室という形態を持っている。

これは、玄室の床面よりも羨道部の床面が高く、そこに石段を有することや、羨道部の床面が玄室に向かって下がっていくという構造をとることに特徴がある。その源流は朝鮮半島に求められているが、滋賀県内では湖東地方に多く分布し、安土町常楽寺山《じょうらくじやま》古墳群、秦荘町上蚊野《かみかの》古墳群、湖東町祇園《ぎおん》古墳群などに見出され、横口式石室は渡来系氏族の墳墓と考えられている。天狗前古墳群では、石室の規模や立地状況から判断すると、一〇号墳と七号墳を築造後に、横穴式石室を持つほかの古墳を造営したと考えられ、被葬者の渡来系氏族は、当初は横口式石室を築造し、後に横穴式石室を採用したものと考えられる。

また、飯道塚古墳群は、墳丘に墓壙《ぼこう》を掘り、石室を設けずに直接木棺を埋葬した木棺直《もっかんじき》葬墳《そうふん》という構造をとっている。横穴式石室ではなく木棺直葬墳を採用していることから、その被葬者を渡来系氏族とする見解が出されている。

蒲生野の開発

ところで、蒲生町という町名は、蒲生郡や蒲生野、蒲生川などの古代以来の地名である蒲生に由来するものであるが、この蒲生とは、「蒲生《かまお》ふる地」という意味であろう。蒲は、ガマ科の多年草で、淡水の湿地に生える植物であり、蒲生の名は、この地に蒲の生える湿地が広がっていたことを推察させるものである。蒲生の名称は、和銅五年(七一二)に成立した『古事記』上巻に、天照大御神《あまてらすおおみかみ》が誓約をして生まれた五柱の神のうちの天津日子根《あまつひこねの》命《みこと》が蒲生稲寸《がもうのいなぎ》など十二氏の祖であるとみえるほか、平城宮出土木簡に「近江国蒲生郡阿伎里」と記されているのが早い事例である。本居宣長は『古事記伝』七之巻において、蒲生稲寸について「和名抄に、近江ノ国蒲生《加万不》ノ郡、これなり。名ノ義は、いと上ツ代に蒲《カマ》の多く生《オヒ》たりし地なりしにや。蓬生《ヨモギフ》浅茅生《アサヂフ》麻生《ヲフ》などの類なり。」と述べている。

この蒲生稲寸は、『古事記』上巻にただ一箇所その名称が記されるのみで、具体像はまったくわからない。しかし、同じく天津日子根命を始祖とする他の十一氏をみると、これらの氏は過半が大和政権の地方官であり、その支配領域は後の郡あるいはそれ以下の小地域であることなどが明らかとなる。蒲生稲寸も、その名称からすれば、「蒲生ふる地」の開発を推し進めた首長であると推察することができる。雪野山古墳や木村古墳群の被葬者をこれにあてるのも一つの考え方であろう。

この「蒲生ふる地」の開発は、七世紀後半になると国家主導による他所から移民によってさらに推し進められることになる。よく知られているところであるが、『日本書紀』天智天皇八年（六六九）是歳条には、百済国の佐平余自信《さへいよじしん》・佐平鬼室集斯《きしつしゅうし》等男女七百余人を蒲生郡に遷居するという記載がある。恐らく彼らは、故国百済での技術をもって、蒲生郡の開発に携わったのであろう。これより先、斉明天皇七年（六六一）には、鬼室福信《きしつふくしん》が献じた唐の俘虜一百六人を近江国の墾田に居住させるということがあり、近江国の開発が進められていたことがわかる。

『日本書紀』天智天皇七年（六六八）五月五日条には「蒲生野」の名称が始めて記されるが、これは、「蒲生ふる地」が次第に開発されつつも、なおこの段階で原野として残されている野地を指すものと考えられる。集落遺跡の分布から、七世紀後半の段階で「蒲生野」と呼ばれるような未開発地域は、箕作山《みつくりやま》、瓶割山《かめわりやま》、雪野山、布施山に囲まれた地域であったとする見解が示されているが、説得力のあるものと考える。

蒲生郡の開発のために、居を移したのは渡来人だけではなかった。『続日本紀』大宝二年（七〇二）三月庚寅条では、美濃国多伎《たき》郡民を蒲生郡に遷居するという記載がある。古代の蒲生郡域にあたる地域に残る「美濃田」「外美濃田」「内美濃田」「西美濃田」などの「美濃」を付した小字名が、この美濃国多伎郡からの移民によって開発された土地を示すという見解がある。

さらに、平安時代になると、この開発に俘囚《ふしゅう》が加わることになる。俘囚とは、律令国家に服属した蝦夷《えみし》で、承和十四（八四七）年四月には、近江国蒲生郡の俘囚尓散南公延多《にさんなのきみえんた》孝《こう》と宇漢米公阿多奈麿《うかめのきみあたなまろ》に外従五位下を授けるということがあり、蒲生郡に俘囚が移配されていたことがわかる。延長五（九二七）年に完成した『延喜式』には近江国に俘囚の食料・禄料となる俘囚料十万五千束が記載されている。

律令制下の里（郷）と蒲生

律令制下では、国の下に郡が置かれ、郡の下には五十戸をもって里が編成された。この里は後に郷と改称されるが、十世紀に成立した『和名類聚抄《わみょうるいじゅしょう》』には、蒲生郡の郷として東生、西生、必佐《ひっさ》、篠田《しのだ》、篠笥《ささけ》、大嶋《おおしま》、船木《ふなき》、安吉《あき》、桐原《きりはら》の九郷が記されている。また、奈良時代には、『和名類聚抄』にみられない南原《みなみはら》里、周恵《すえ》郷の存在が知られている。このうち、東生、西生については、それぞれ東蒲生、西蒲生の略称とみて、「ヒガシオ」「ニシオ」と訓む見解がある一方で、摂津国の東生郡、西生郡と同じく「ヒムカシナリ」「ニシナリ」と訓む見解がある。

東生、西生が東蒲生、西蒲生の略称であるとする見解は、早く邨岡良弼『日本地理志料』や『近江蒲生郡志』巻壱、『滋賀県八幡町史』上巻において示され、最近では『古代地名大辞典』(角川書店)もこの解釈を採っているが、これらの見解からすれば、蒲生郡のなかに「(東、西)蒲生」と呼ばれた地域が存在したということになる。また、必佐、篠田、篠笥、大嶋、船木、安吉、桐原のそれぞれの所在がほぼ比定されているのに対し、東生、西生は比定地に定説をみていないが、少しこれについて考えてみよう。

律令制下の国、郡、里(郷)名については、『続日本紀』和銅六年(七一三)五月甲子条に「制、畿内七道諸国郡郷名着二好字一」とあって、好字を着けることが命ぜられているが、『延喜式』巻二十二民部上でも「凡諸国部内郡里等名、並用二二字一、必取二嘉名一」とあって、二文字表記で、しかも嘉名《かめい》(嘉《よ》きめでたい名)を用いるという規定が記されている。東生、西生が東蒲生、西蒲生の略称であるとする見解は、このような行政地名は二文字表記とするという原則に依拠した考え方である。

ところで、里名の表記にあたって、ある一つの里名を二つに区分する形で表記する場合は、他の事例をみると、東西ではなく上下《かみしも》で表記しており、しかも、これによって里名を二文字表記とするにあたっては、里名の一文字を採り、これに上下を付すというのが通例のようである。『滋賀県八幡町史』上巻は、東生郷と西生郷は蒲生郷を東西に分割したものとするが、先にみたように、「蒲生」の語義は「蒲生ふる地」ということであるから、「蒲生」から一文字を採るのであれば「生」字ではなく「蒲」字を採ると考えるべきであろう。すなわち、蒲生という地を二つに区分する形で二文字表記の里名とするのであれば、上蒲、下蒲もしくは蒲上、蒲下ということになる。近江国の他の事例をみると、坂田郡には『和名類聚抄』に「上坂《かむさか》」「下坂《しもさか》」の二郷があるが、近年の出土木簡から「上坂」は「上坂田」を二文字に改めたものであり、奈良時代には「坂田(里)」の呼称が存在したことも明らかになっている。同じく『和名類聚抄』に「上丹《かむつにふ》」があるが、奈良時代には「上入(里)」「下入(里)」が存在し、それぞれ「上丹生」「下丹生」の意味であることが判明している。「丹生」は「丹が生ずる」という意味であり、「丹」字を採ってこれに上下を付したのである。

近年の出土木簡によれば、奈良時代の蒲生郡には「西(里)」があり、これが「西生」に繋《つな》がるものとすれば、「西生」は「西蒲生」を二文字に改めたものではないという傍証となる。憶測を懼《おそ》れずに言えば、東生、西生は、ある地域の東部分、西部分を示すもの、或いはあるところを起点にして、その東方、その西方であることを示すものと考えられる。南原(里)についても同じように考えて良いであろう。

　そのある地域とは、元来蒲生と呼ばれていた地であり、あるところとは、里の編成の折になお未開発地として残されていた蒲生野であろう。すなわち、東生、西生は蒲生(里)を東西に分割して成立したのではなく、国郡里制の施行にあたって、当初から西(里)、東(里)として編成されたのであり、その意味するところは、元来蒲生と称された地域の東部分、西部分、もしくは律令制下の蒲生野の東方、西方にあたる里(郷)を示すものと考えられる。上蒲、下蒲もしくは蒲上、蒲下という表記が採られなかったのは、当初存在した里を分割することによって成立した里ではないということによる。そして、二文字表記が採られるにあたり、東生、西生となったものと推察され、その訓みは「ヒムカシナリ」「ニシナリ」と考えられる。とすれば、元来蒲生と呼ばれていたのは、東生、西生、そして南原の地と蒲生野を含めた地域であったと考えられる。

古代寺院の造立と仏教文化

六世紀には日本列島にも仏教が伝わり、寺院が建立されるようになった。『日本書紀』推古三十二年(六二四)九月には寺が四十六箇寺あったというが、『扶桑略記《ふそうりやっき》』持統天皇六年(六九二)九月条では、およそ五百四十五箇寺に達していたとする。寺院遺構や古瓦を主とする遺物からみると、滋賀県域においても八世紀初めまでに六十箇所以上の寺院が造立されたと考えられている。蒲生町域においても、宮井廃寺《みやいはいじ》、綺田廃寺《かばたはいじ》において発掘調査がなされており、石塔寺についても七世紀後半代に造立されたとする見解が示されている。

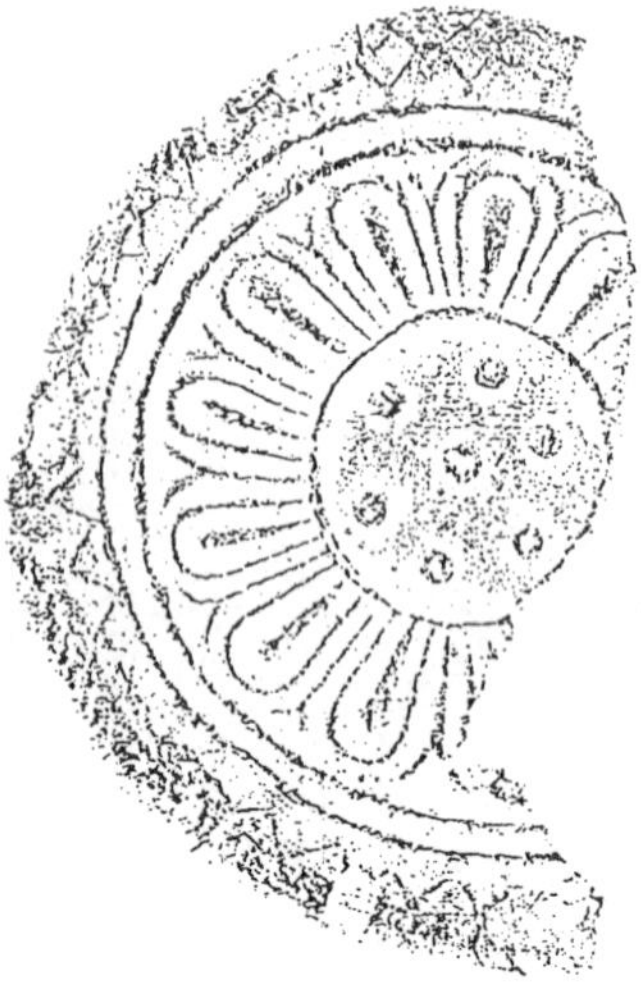

図6　綺田廃寺の軒丸瓦

宮井廃寺は、昭和五十五～五十八年(一九八〇～八三)度にわたって発掘調査が実施され、金堂と塔のほかに、北方建物と西方建物が検出されているが、北方建物と西方建物は創建時の建物が焼失した後に建てられたことが判明してい

図７　宮井廃寺の塔跡

る。創建時の建物である金堂は、基壇の外装に半截した瓦を平積みした瓦積基壇を用いている。塔基壇の調査では、塑像《そぞう》片や泥塔《でいとう》片が出土しており、塔の初層には塑像や泥塔が安置されていたものと考えられる。

宮井廃寺の軒丸瓦《のきまるがわら》は、紀寺式《きでらしき》軒丸瓦と呼ばれるもので、外区の内縁に雷文と通称される文様を付けるものであり、軒《のき》平瓦《ひらがわら》は重弧文《じゅうこもん》軒平瓦を採用している。宮井廃寺に隣接する野瀬遺跡《のせいせき》からは、「□本寺」と墨書された土器が出土しており、これが宮井廃寺の寺名であると考えられる。野瀬遺跡からは、ほかに寺院の僧坊《そうぼう》(房)に関わる「東一方」「西一坊」、寺院の薗地《えんち》(畠地)を意味する「中薗」、また「造仏」などと墨書された土器が出土していることから、金堂や塔、それに北方建物や西方建物だけでなく、僧侶が生活する東西の複数の僧房や、食物を栽培する薗地(畠地)が周辺に存在したことが明らかとなった。

宮井廃寺の造営氏族は明らかではないが、紀寺式軒丸瓦は天智天皇勅願の崇福寺《すうふくじ》のほか、山城国の紀伊《きい》郡・宇治《うじ》郡・葛野《かどの》郡の寺院にみられ、瓦積基壇も淡海大津宮《おうみのおおつのみや》周辺の寺院や山城国の渡来系氏族の寺院で採用されていることから、淡海大津宮あるいは山城国の紀伊・宇治・葛野郡の氏族と強い繫《つな》がりを持つ在地の有力氏族をあてる考えが示されている。

綺田廃寺は、伽藍配置は明らかになっていないが、蒲生町大字寺の稲荷神社境内に土壇や礎石が残されており、発掘調査によって寺域を限る溝跡や軒丸瓦が出土している。綺田廃寺の軒丸瓦には「湖東式軒丸瓦」と呼ばれるものがある。単弁八葉蓮華文で、中房は大きな蓮子を一つ付けてその回りに環状に小さな蓮子を廻らし、外区の内縁に珠文を廻らしているのが特徴である。この形式の軒丸瓦が湖東地方の蒲生郡と愛知郡に分布するところから名付けられたものであるが、この形式の祖形は朝鮮半島に求められるという。

愛知郡には依知秦公という渡来系氏族が居住していたことが明らかであり、また、綺田という地名の綺は、「かむばた」と訓み、錦に似た薄い絹織物を意味することから、綺田廃寺は、この地に居住し綺の生産に携わった渡来系氏族が造立した寺院ではないかと考えられている。

平安時代になると、蒲生町でも天台系の仏像の遺品がみられ、梵釈寺《ぼんしゃくじ》の宝冠阿弥陀如《ほうかんあみだによ》来坐像《らいざぞう》が十世紀前半、法雲寺《ほううんじ》の帝釈天立像《たいしゃくてんりゅうぞう》が十世紀末のものと考えられ、ともに重要文化財に指定されている。また、十二世紀になると、重要文化財の誓安寺《せいあんじ》の阿弥陀如来坐像《あみだにょらいざぞう》、蒲生町指定文化財の石塔寺の聖観世音菩薩立像《しょうかんぜおんぼさつりゅうぞう》などの遺品が知られている。

石塔寺と三重石塔

石塔寺については、その三重石塔が百済国の石塔の様式を持つとされ、先にみた天智天皇八年(六六九)に蒲生郡に遷居された百済遺民の存在を考え併せて、造立年代を七世紀後半に求める見解が早くから示されている。しかしながら、文献史料の上で三重石塔の存在を示す確実な史料は十二世紀になってからのものである。保延五年(一一三九)以前に三善為康《みよしのためやす》が著わした『後拾遺往生伝《ごしゅういおうじょうでん》』巻下に載せる沙門寂禅《しゃもんじゃくぜん》の伝には、寂禅は比叡山で受戒し、処々で修行の後に近江国蒲生郡石塔別処に庵を結んでここに住し、治暦三(一〇六七)年八月に八十三歳で入滅したとする。この寂禅の伝には「是則阿育王八万四千塔之其一也」

という記述もあり、遅くとも保延五年までには、石塔に別処があり、そこには三重石塔が存在していたことが確認できる。

また、平信範《たいらののぶのり》はその日記である『兵範記《へいはんき》』の嘉応二年（一一七〇）三月七日条に「詣二蒲生西郡石塔一」という短い記述を残しているが、蒲生西郡の石塔に詣でたというのであるから、これは三重石塔に参詣したことを意味するのであろう。すでにこの時には三重石塔の存在が都にまで知れ渡っていたことを示しており、それは寂禅の伝にも記されているように、この石塔が古代インドのマウリヤ王朝のアショカ王（阿育王）が造った八万四千の仏塔のうちの一つであると人々に認識されていたからであろう。

鎌倉時代の末には原形が成立したとされる『拾芥抄《しゅうがいしょう》』下の十陵部第三には「本朝五奇異」の一つとして、「蒲生石塔　近江、昔阿育王、使二諸鬼神一造二八万四千塔一之一也、毎年大蜂《ハチ》群集、行二道ス此塔ヲ一、」という奇譚を記している。恐らく、平安時代後期からは多くの貴族が石塔に参詣したものと思われるが、史料上にはみえてこない。また、中主町の矢放《やはづ》神社所蔵『大般若波羅蜜多経』巻第一百一十一の貞応三年（一二二四）の識語には「江州石塔院」とあり、仁治三年（一二四二）に校点したことが知れる八日市市の蛇溝《へびみぞ》区有『大般若波羅蜜多経』巻第八十二の識語には「[redacted]（抹消）江西蒲生郡／石塔寺」、巻第四百八十三の識語には「石塔院本堂／石塔寺本堂／石堂院本堂」とあって、石塔寺という名称が史料にみえるのは、十三世紀以降ということになる。

平安時代の荘園と集落

平安時代後期には、蒲生郡は上下に分割され、蒲生上郡は康平元年（一〇五八）に、蒲生下郡は承保元年（一〇七四）に史料上に初めてその名称が記される。このうち、蒲生上郡には守富保《もりとみのほ》や麻生荘《あそうのしょう》、安吉《あき》郷があり、蒲生下郡には船木《ふなき》郷や桐原《きりはら》郷、また千束《せんぞく》橋があるので、蒲生町域は蒲生上郡に含まれたものと考えられる。

守富保は、康和三（一一〇一）年十一月に祇園大別当の行円《ぎょうえん》が祇園塔の封代とすることを申請し、認められたもので、その後、保司良円《りょうえん》の代に三つに分割され、山上保《やまのうえのほ》・宮河《みやがわの》（宮川）保《ほ》・成安保《なりやすのほ》が成立した。山上保は現在の竜王町山之上、宮河保は蒲生町宮川が遺称地である。宮河保には、都合三十日分の析米二十五石七斗七升と閏月六日分の析米五石一斗五升四合、それに御塔供析等の恒例の社役、臨時役などが賦課されている。

麻生荘は、蒲生町の岡本、上麻生、下麻生、大森、田井の一帯に比定される荘園で、保安三年（一一二二）五月に平宗保《たいらのむねやす》が蒲生上郡麻生荘公文職《くもんしき》を嫡男宗継《むねつぐ》に譲渡することがみえるのが史料上の初見である。その後、この麻生荘公文職は、仁安三年（一一六八）三月に平宗継から嫡子宗家《むねいえ》に譲渡され、以後、宗家嫡男家貞《いえさだ》、そして僧覚尊《かくそん》へと伝領される。

麻生遺跡の発掘調査では、平安時代末期の十二世紀に多くの掘立柱建物や井戸、溝などが検出されており、この時期に開発の画期があったことがわかり、これらの遺構は麻生荘に関わるものと考えられている。また、堂田《どうた》遺跡でも、平安時代末期から鎌倉時代前期には多くの掘立柱建物が検出されているが、溝で区画された屋敷地のなかに大規模な建物とこれに附随する建物群を配置するものもあり、市子荘《いちこのしょう》との関連が考えられている。この時期の麻生遺跡や堂田遺跡の建物は、条里地割の規制をうけて建てられており、日野川中流域に条里地割が整備されるのは平安時代末期になってからと考えられる。

軒丸瓦

瓦は中国で発達し、朝鮮から仏教とともに寺院建築の用材として日本に伝えられた。瓦の形状や文様によって各時代の特徴を知ることができる。今日の日本では波をうった桟《さん》瓦が広く用いられているが、これは近世に生まれた日本独自の瓦で、それ以前は平瓦と丸瓦を組み合わせて屋根を葺いていた。軒丸瓦は、軒先に葺く丸瓦のことで、前面に円形の瓦当《がとう》がついている。後には多くが巴《ともえ》文となったので巴瓦とも呼ばれるようになった。

出土品の軒丸瓦には、開いた蓮《はす》の花を図案化した蓮華文《れんげもん》のものが多い。蓮の花は仏教の理想世界を象徴するものとされ、蓮華文は建物や器物の装飾のモチーフとなった。中国で南北朝時代（五世紀）に多用された蓮華文軒丸瓦が朝鮮半島へ、そして日本へと伝わった。

花弁を「蓮弁」、中央の円形部分を「中房」、その中の蓮の実を表した小さな突起を「蓮子《れんし》」といい、蓮弁の中に「子葉」と呼ぶ隆起が一つのものを「単弁」、二つあるものを「複弁」と分類している。

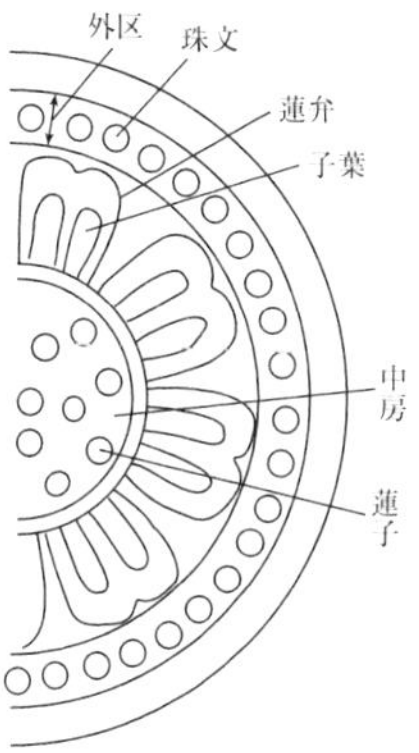

軒丸瓦の各部の名称

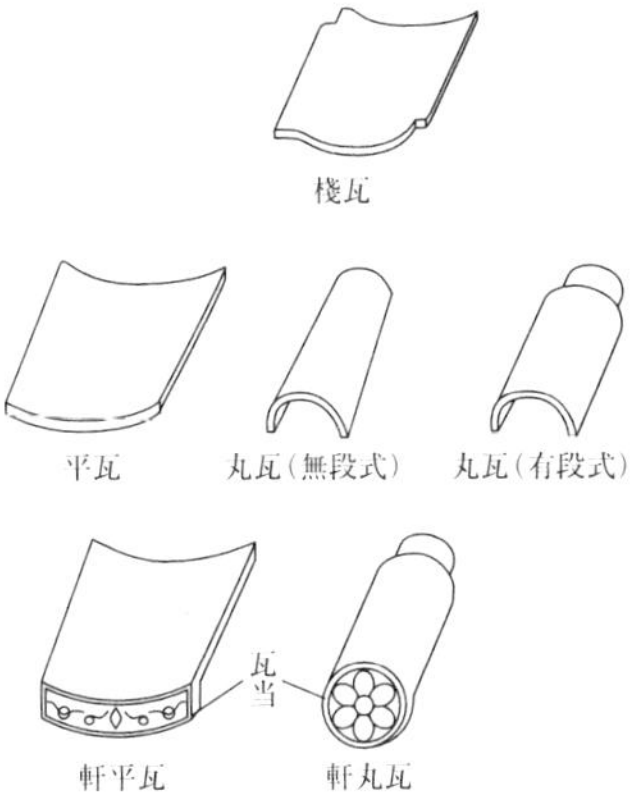

瓦の名称

阿育王の八万四千塔

阿育《あいく》王(アショカ王)は、紀元前三世紀に古代インド、マガダ国のマウリヤ王朝第三代の王となった実在の人物。初めは専制君主として権力政治を行っていたが、仏法に帰依して以後、政治の方針を根本的に改め、人民の間に正法を広め育てることを第一とするようになった。『阿育王伝』に、阿育王が仏滅後に建立された仏舎利塔八塔の中の七塔を開いて、仏舎利をさらに分配し、全インドに八万四千塔を建立したという事績が記されている。「八万四千《はちまんしせん》」とは、極めて大きな数の形容で、〈無数の〉という意。

　中国では、二八一年、西晋の劉薩訶《りゅうさつか》が八万四千塔の一基を発見したとする伝説があり、その後、五世紀にこれに因んだ阿育王寺(育王山ともいう)がつくられた。十一世紀の宋の時代に多くの高僧が入ると、育王山信仰が高まり、日宋交通を介して、日本にも伝わった。平安時代末期(十一世紀〜十二世紀初め)以降、育王山が入宋巡礼僧の聖地となり、日本国内でも『平家物語』に平重盛が黄金を育王山に寄進したこと、源実朝が参詣を企てたこと、重源が木材を送って舎利殿を建立したことなどが記されるようになった。

　石塔寺三重石塔の由来として、阿育王の造塔説話が、平安時代末期(一一三〇年代)に成立した『後拾遺往生伝《ごしゅういおうじょうでん》』巻下を最初として、鎌倉時代中期(一二四七〜四九)に成立した『源平盛衰記《げんぺいせいすいき》』、『三国伝記』『本朝高僧伝』などの文献にみられる。

　これは育王山信仰が広まった当時、石塔寺三重石塔の霊験のあらたかさを説く唱導説話として、創作されたものと考えられる。その時代、石塔寺の場所には石塔別所が存在した。別所とは、大寺院から離れた遊行者、苦行者、隠遁《いんとん》者、説教者たちが、聖《ひじり》や上人《しょうにん》などと呼ばれて集団で住んでいた場所を呼ぶ。平安時代末期には西日本を中心に大小合わせて六十以上があったといい、その一つにあたる。

平信範のように京の貴族らも参詣に訪れた背景には、金品を寄進してもらうために聖らが方々を歩いて三重石塔の霊験を説き聞かせた活動があったものと考えられる。

寛文十一年(一六七一)に記された『江州石塔寺記』は、『源平盛衰記』を引き継ぐかたちで、次のような内容を記している。寛弘三年(一〇〇六)二月に播磨国の増位寺に流れ着いた寂照法師の手紙の話が、一条天皇の耳に入り、使者を派遣して塔を探させた。すると、ある猟師が「渡山にある堂の後に一つの古墳があり、私の白犬が、そこに行くたびに古墳を三回まわって訴えるように鳴きます」というので、古墳を掘ったところ、三重石塔が地中から出土した。三重石塔発見の経緯としてよく知られているもので、三重石塔のそばには発見した白犬を祀った犬塚もある。

滋賀県では、琵琶湖の湖中(安曇川町船木崎から東方へ約五キロメートル)に頭を出している四個の岩、「沖《おき》の白石《しらいし》」も、『近江輿地志略《おうみよちしりやく》』に阿育王が十方へ投げた八万四千基の内の一基で、湖底に逆さまに突き刺さっているのだとする由来が記されている。

琵琶湖の「沖の白石」。阿育王の塔の一つが突き刺さったと伝わる

滋賀県における渡来人の足跡

小笠原好彦

渡来人の古墳と集落

古代の近江では、滋賀郡南部の大津北郊地域と湖東の愛知郡の宇曽川《うそがわ》流域を中心に渡来人が集中して居住した。

大津の北郊地域には穴太野添《あのうのぞえ》古墳群、大通寺《だいつうじ》古墳群、百穴《ひゃっけつ》古墳群、太鼓塚《たいこづか》古墳群、福王子《ふくおうじ》古墳群など大小の六世紀に造られた古墳群が分布する［図1］。これらの古墳に造られた横穴式石室は、被葬者をおさめる玄室が方形もしくは横長方形プランで、持送《もちおく》りが強くドーム状をなし、一石の天井石を置いて造られている［図2］。また長方形プランのものも持送りが顕著にみられる。これらの古墳は、いずれの横穴式石室の場合も竈《かまど》、甕《かめ》、堝《なべ》、甑《こしき》のミニ

図1　大津北郊地域主要遺跡分布図

1．北大津遺跡　2．部屋ヶ谷遺跡　3．水車谷古墳　4．皇子山古墳　5．錦織遺跡
6．山田古墳群　7．宇佐山城跡　8．南滋賀遺跡　9．南滋賀町廃寺　10．榿木原遺跡
11．福王子古墳群　12．太鼓塚古墳群　13．調査地点　14．池之内古墳群　15．長尾遺跡
16．崇福寺跡　17．百穴古墳群　18．熊ヶ谷古墳群　19．蟻ノ内古墳群　20．滋賀里遺跡
21．小山古墳群　22．大通寺古墳群　23．赤塚古墳　24．大谷古墳群　25．壺笠山城跡
26．飼込古墳群　27．穴太遺跡　28．野添古墳群　29．穴太古墳群　30．塚穴古墳群

チュアの炊飯具が一セット副葬されている［図3］。これは同じ滋賀郡でも北の真野《まの》郷に分布する春日山《かすがやま》古墳群などとは著しい違いがみられることから、昭和四十四年(一九六九)に水野正好氏によって渡来人が埋葬された古墳群であることが明らかにされた。

このような特徴を持つ渡来人の古墳群は、真野郷の南にあたる大友《おおとも》郷、錦織《にしこり》郷に特に集中して築かれており、一部はその南の古市《ふるち》郷にも及んでいる。

大津北郊の古墳群には、傾斜の強い丘陵地に築造された古墳群と扇状地の比較的ゆるい傾斜部に築造されたものとがある。丘陵地の狭い地域に築かれたものは、近江の他地域に居住した渡来人がこの地に帰葬された古墳、扇状地の方は在地に集落を営んだ渡来人の古墳とみなされている。とすると、穴太野添古墳群、大通寺古墳群、太鼓塚古墳群、福王子古墳群などは在地集団が築成した古墳群、百穴古墳群、山田古墳群などは他地域から帰葬した集団の古墳ということになる。これは草津市宝光寺《ほうこうじ》廃寺、観音堂廃寺など渡来人が造営したとみてよい寺院が琵琶湖の対岸にも建立されていることからみても、その可能性はきわめて高いであろう。

この地域の古墳群の調査は福王子古墳群、大通寺古墳群などに加えて、近年は太鼓塚古墳群、大谷古墳群などの調査例も増加したことから、その性格がかなり明らかになってきている。太鼓塚古墳群では、方形もしくは横長方形プランの横穴式石室が約二〇パーセン

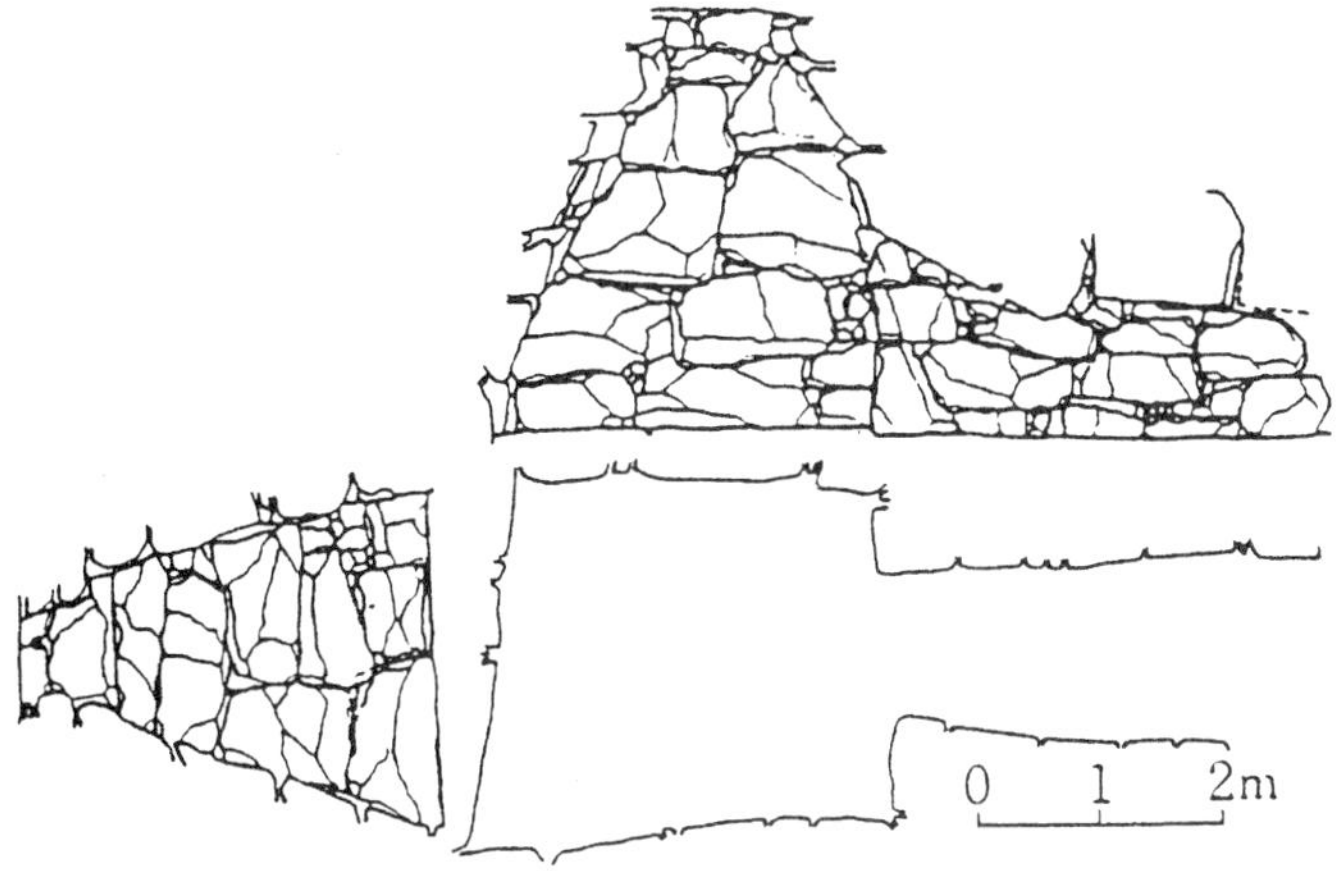

図２　大津市塚穴古墳

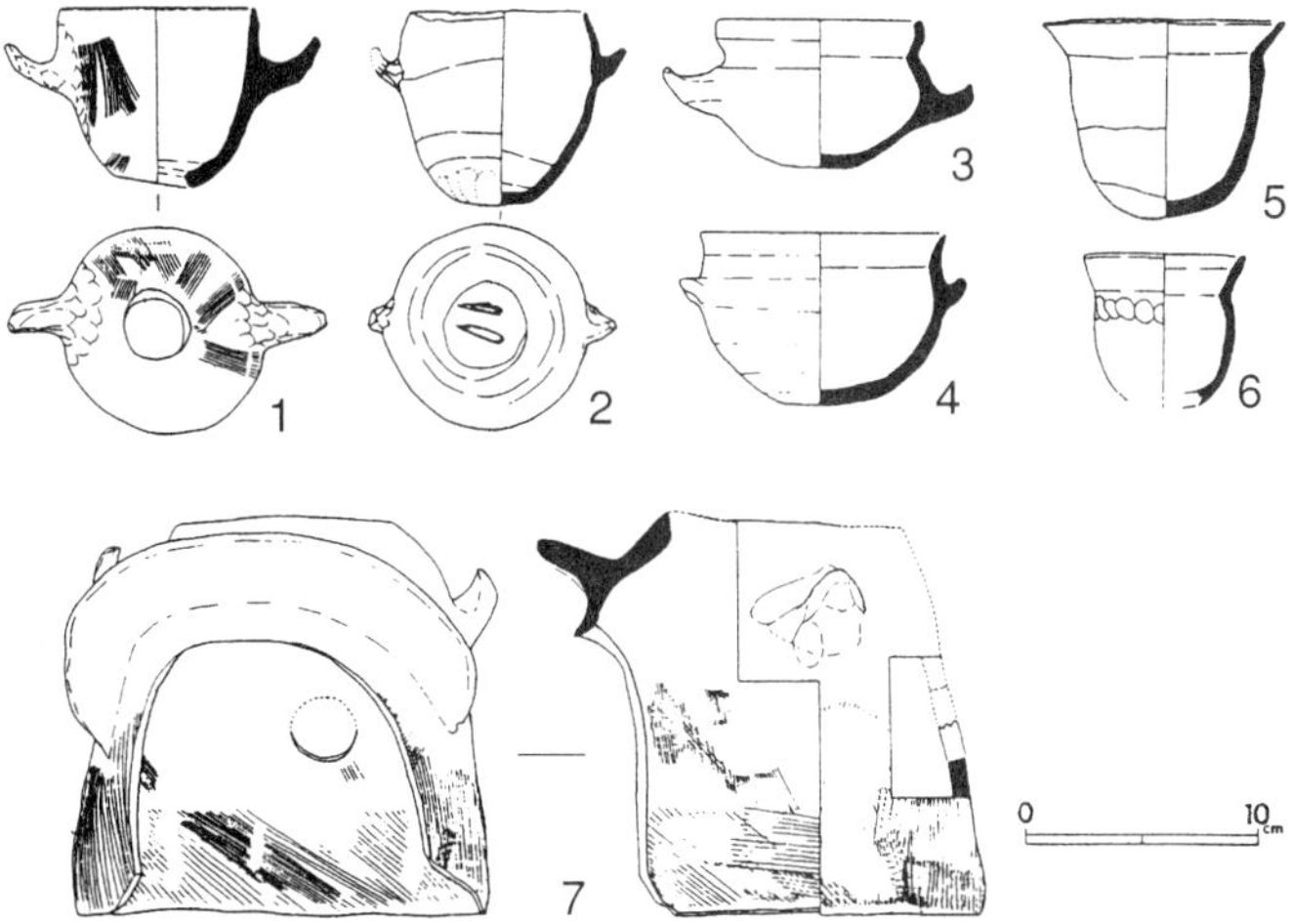

図３　大津市北郊古墳出土のミニチュア炊飯具

ト前後、長方形プランのものが六〇パーセントを越えている。そして、方形もしくは横長方形プランのものは石室規模が大きく、しかも須恵器の大型器台が副葬されている。この須恵器の大型器台は近畿の群集墳への副葬をみると、いずれも有力層の横穴石室に限って副葬されているので、大津北郊地域の渡来人の古墳群でも、有力家長や有力層の古墳に副葬されたものとみてよい。

一方、大津北郊に営まれた集落遺跡では、穴太遺跡、穴太南遺跡、滋賀里遺跡、上高砂遺跡などで集落の一部が調査されている。これらの集落遺跡からは六世紀代の掘立柱建物群が多く見つかっており、渡来人たちが早くから新たな建築様式の建物に居住して集落を営んでいたことがわかる。しかも六世紀末から七世紀前半には四周に狭い溝をめぐらせた中に柱を密にたて並べて作った土壁造り建物(大壁造り建物ともいう)［図4］が顕著に見つかっている。

この土壁造り建物と同じ様式の建物は、近年は朝鮮半島の公州艇止山《ていしさん》遺跡、公州公山城遺跡などでも見つかってきており、朝鮮系の渡来人がこの住居様式を導入したものとみなされている。また、穴太遺跡弥生町区では、溝状に石組したオンドルも検出され、朝鮮式暖房を設けたものも構築されていたことが明らかになった。

大津北郊地域を本拠地にした渡来人は、水野氏によって大友郷に大友村主《おおとものすぐり》、三津首《みつのおびと》、穴《あ》

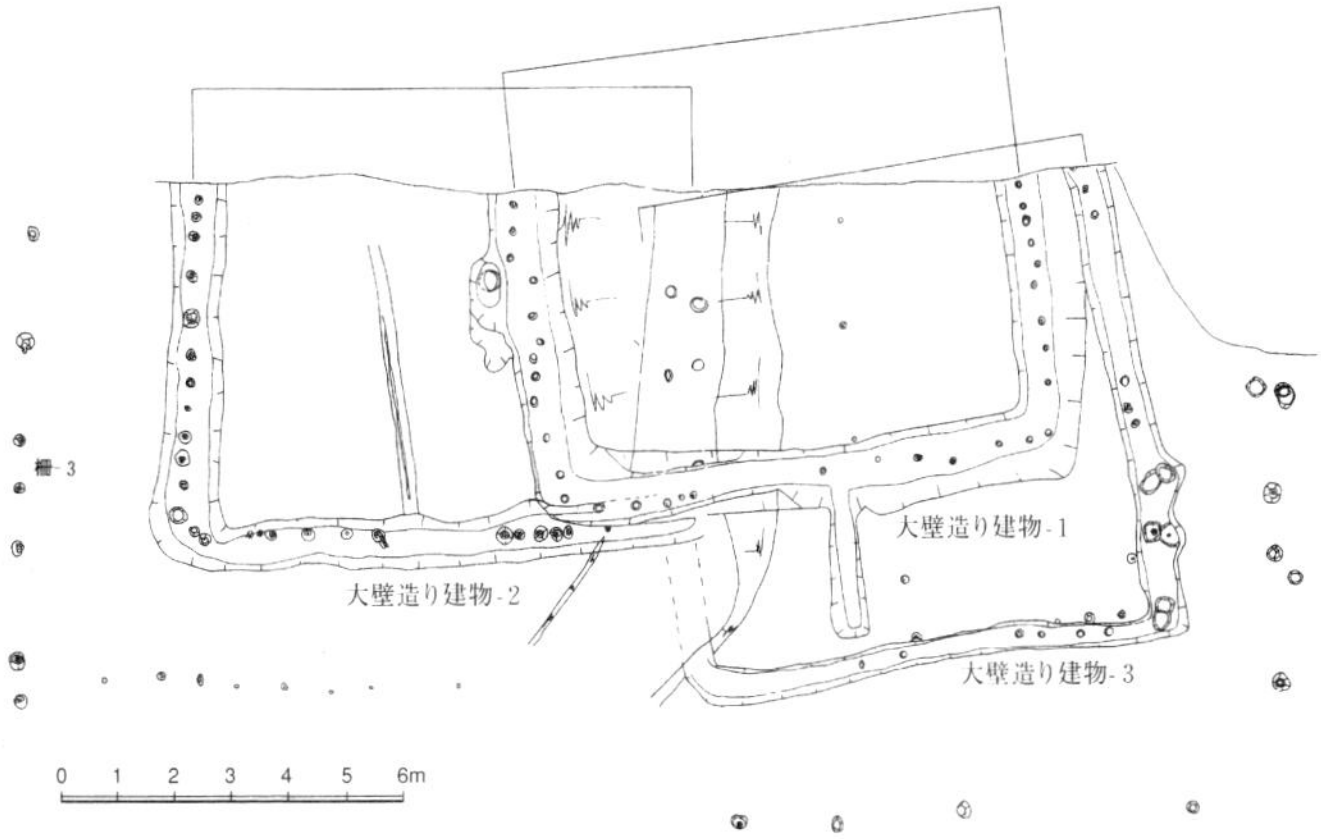

図4　大津市穴太遺跡の土壁造り建物

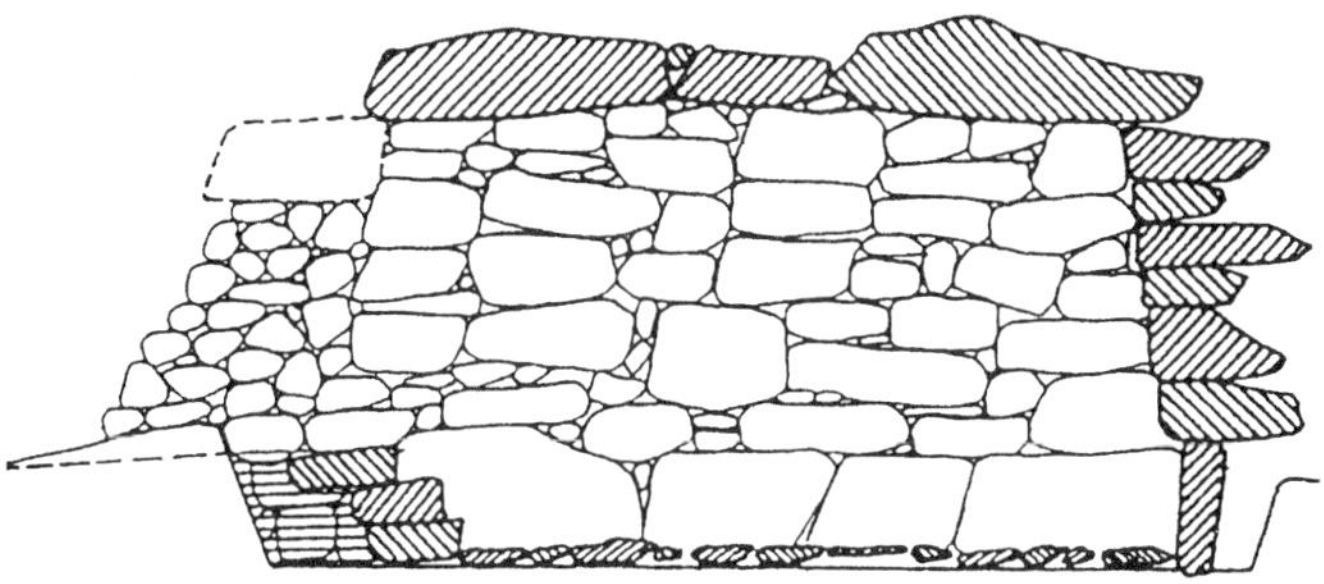

図5　竜王町三ッ山古墳群（模式図）

太村主《のうのすぐり》、志賀漢人《しがのあやひと》、錦織郷に錦織村主《にしごりのすぐり》、大友村主などが居住したことが想定されており、いずれも朝鮮系の氏族とみなされてきたが、この想定は集落遺跡の調査によって、ほぼ確認されたことになる。

また、穴太遺跡では六世紀後半に礎石建ち建物も見つかっており、この建物がほかの地域では見つかっていないので注目されている。これは宗廟《そうびょう》的な性格を持つ建物とみなす考えもだされているが、穴太遺跡では隣接して七世紀の前半に穴太廃寺が建立されているので、この寺院の前身建物にあたる草堂《そうどう》的な仏堂を想定する方がよいであろう。

穴太遺跡に居住した渡来人がどのような職掌を担《にな》っていたかは明らかでない。しかし、この遺跡からは七世紀前半の荷札木簡が出土したことからすると、琵琶湖で諸物質の漕運に関わっていたことが推測される。おそらく大規模に湖上の漕運を行うことによって経済力を得て氏寺を建立したことが推測される。これは、この地域を本拠地とした他の渡来人の場合も共通することであろう。

一方、近江では湖東でも宇曽川流域を中心に渡来人が集中して居住したことが知られている。秦荘町金剛寺野《こんごうじの》古墳群は二九八基からなる大古墳群であったとされ、その大半は失われたが、その一部をなす上蚊野《かみかの》古墳群では、羨道《せんどう》よりも玄室《げんしつ》の床面が一段低い竪穴系横口式石室と呼ぶ特徴的な石室から構成されていた。この古墳群が築造された宇曽川流域は、

図6　蒲生町天狗前古墳群

河川から用水を得にくい地域で、弥生時代から五世紀前半の集落はほとんどみられない。その後、軽野正境《かるのしょうざかい》遺跡など古墳時代中期から集落が営まれ、この地域が大規模に開発されたことが想定される。そして、この地域を開発したのは後にこの地域の郡司を独占した渡来人の依知秦《えちはた》氏であったと推測されている。

湖東の竪穴系横口式石室をもつ古墳は、ほかに竜王町三ッ山古墳群〔図5〕、蒲生町天狗前古墳群〔図6〕、五個荘町竜石山古墳群などで見つかっており、これらはいずれも渡来人によって築造されたものとみてよい。さらに、近年では、栗東町和田古墳群でも同様の特徴をもつ古墳が一一基検出されており、さらに広がりをもって各地で小集団を構成して集落を営んだことが知られるようになってきている。

渡来人の古代寺院

近江では飛鳥、白鳳期の古代寺院が六十数個所が見つかっており、大和についで多く寺院が建てられている。近江最古の寺院は大津北郊の穴太の地に建立された穴太廃寺である。この廃寺からは創建伽藍と大津京遷都時に移建した伽藍が重なって検出されている。創建

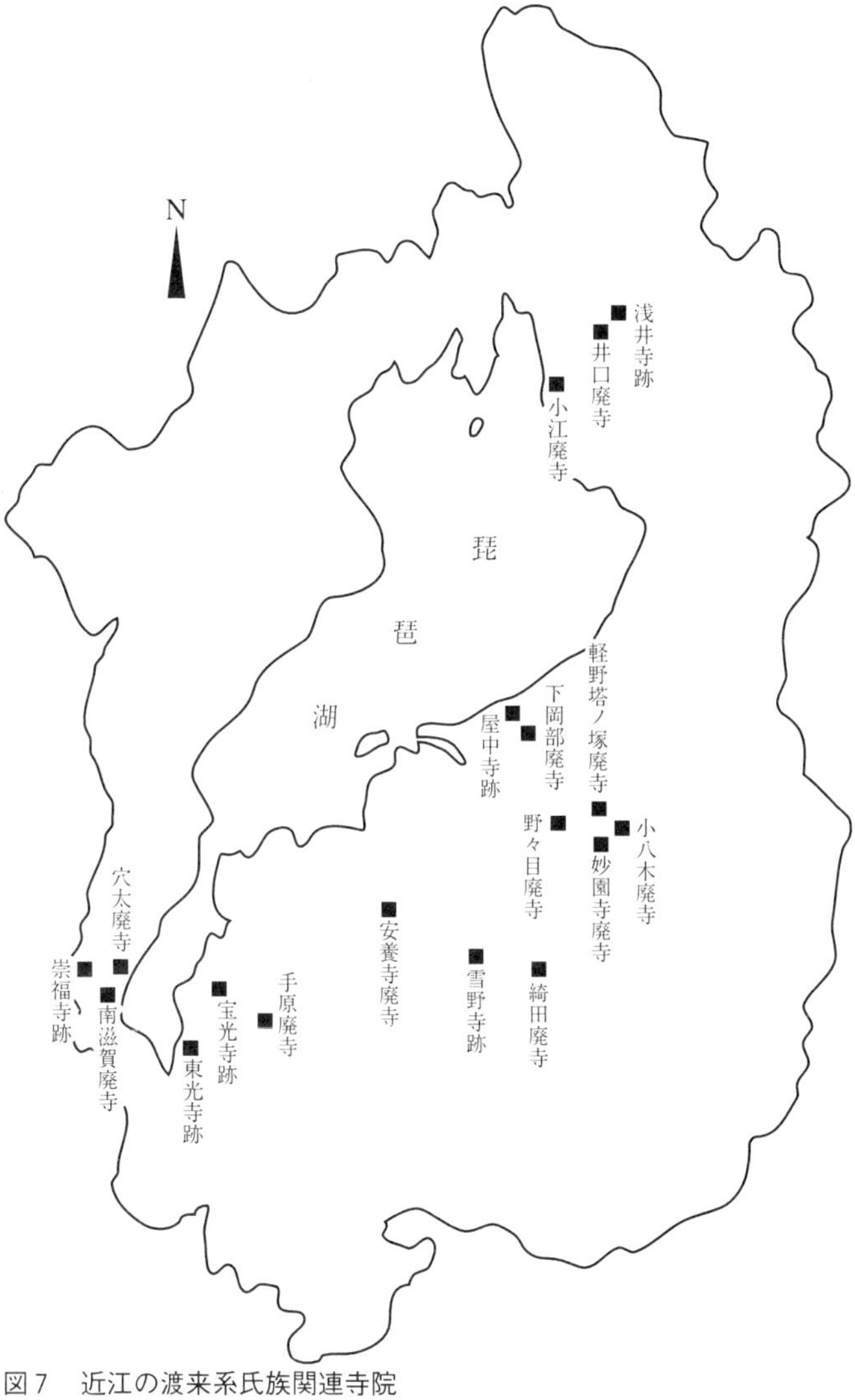

図7　近江の渡来系氏族関連寺院

伽藍に葺《ふ》かれた軒丸瓦は、山背《やましろ》の北野廃寺出土のものと類似した素弁八葉蓮華文のものが葺かれ、移建した伽藍には単弁八葉蓮華文、複弁八葉蓮華文と重弧文軒平瓦が葺かれた。この単弁八葉の軒丸瓦の縁には放射状の輻線文《ふくせんもん》縁をつけたものがあり、同様のものは南滋賀廃寺、崇福寺《すうふくじ》からも出土し、大津北郊の渡来人の氏寺あるいは渡来人が深く関与して造営された寺院とみてよい。また、これらの各寺院には百済の扶余《ふよ》の軍守里《ぐんしゅり》廃寺でみられる瓦積基壇の外装が採用されている。これも渡来人の寺院の一つの特徴とみなされる。

　輻線文縁軒丸瓦は、草津市宝光寺《ほうこうじ》廃寺、観音堂廃寺、栗東町手原廃寺、近江八幡市安養寺廃寺、彦根市上岡部廃寺、下岡部廃寺から出土しており〔図8〕、これらの寺院はいずれも朝鮮系の渡来人によって建立された寺院とみてよい。

　一方、愛知郡の宇曽川流域では軽野塔ノ塚廃寺、小八木廃寺、野々目廃寺、妙園寺《みょうおんじ》廃寺などで湖東式軒丸瓦と呼ばれる個性的な軒瓦が葺かれた〔図9〕。この軒瓦は中房の中心に大きな蓮子を付け、その外側に円形に密に蓮子をめぐらせ、単弁回重弁の蓮弁の外側に珠文帯をつけ、素文ないし圏線をつける外縁としたものである。これと同じ軒瓦は、蒲生町綺田《かばた》廃寺、竜王町雪野寺跡などでも出土し、いずれも渡来人の氏寺に葺かれたものとみてよい。

　この湖東式軒丸瓦は畿内では類例がないが、百済の公州の西穴寺、大通寺などからほぼ同一の文様構成をなすものが出土する〔図9〕。これらは統一新羅の初期の時期のとみられ

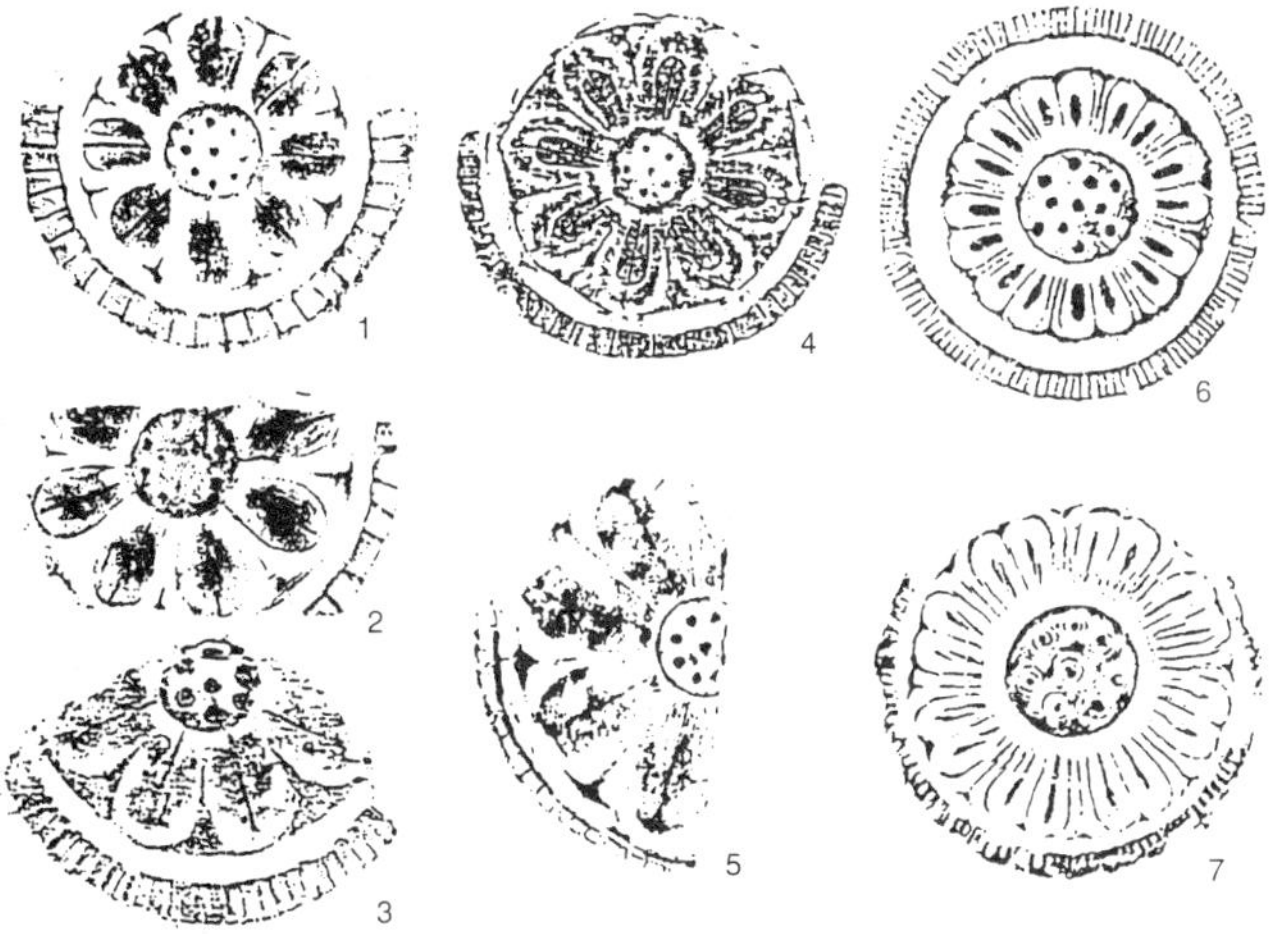

図８　輻線文縁軒丸瓦
１．穴太廃寺　　２．南滋賀廃寺　３．手原廃寺　４．安養寺廃寺
５．宝光寺廃寺　６．崇福寺　　　７．下岡部廃寺

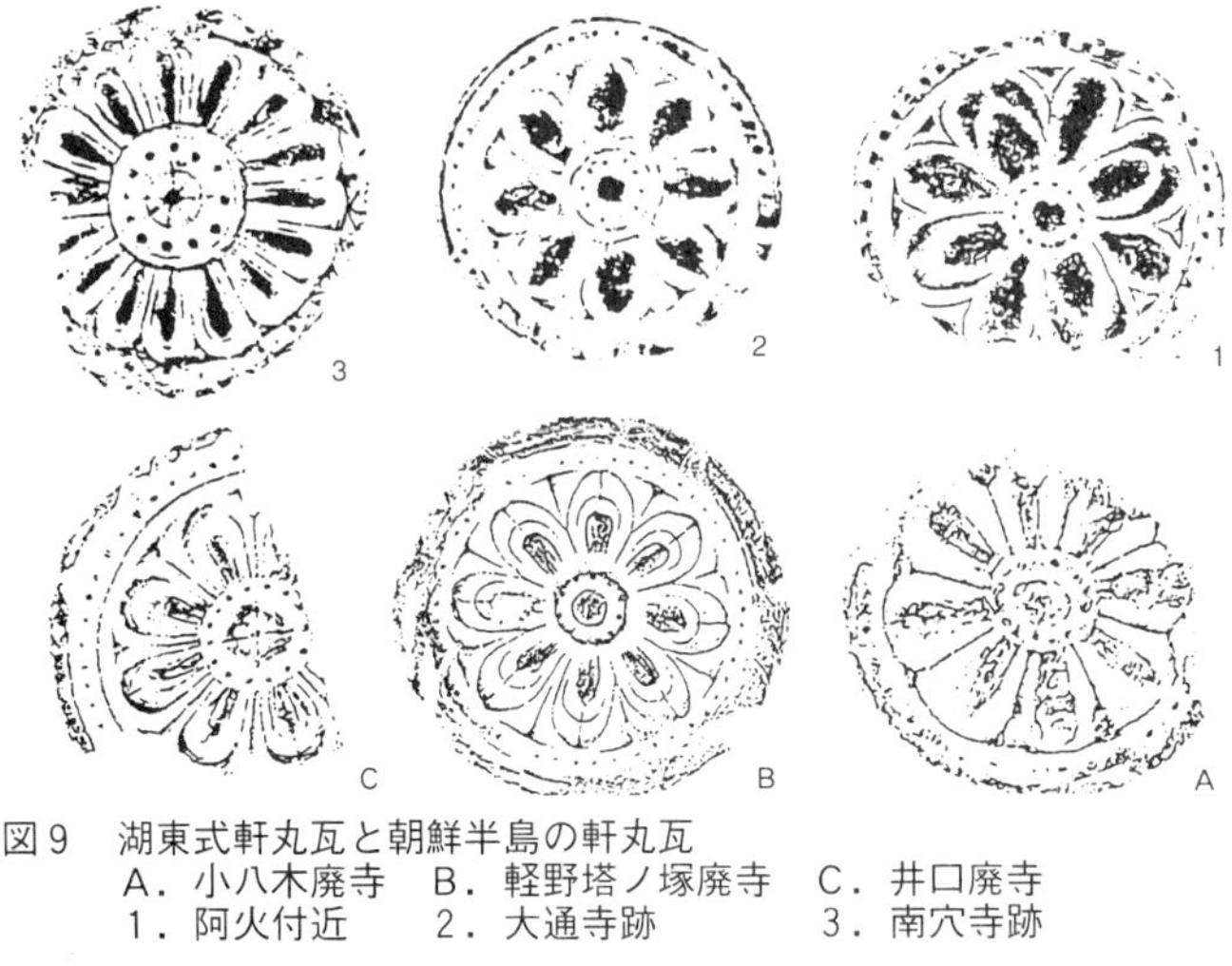

図９　湖東式軒丸瓦と朝鮮半島の軒丸瓦
Ａ．小八木廃寺　Ｂ．軽野塔ノ塚廃寺　Ｃ．井口廃寺
１．阿火付近　　２．大通寺跡　　　　３．南穴寺跡

るものである。湖東式軒丸瓦は確実な成立年代はまだ把握できていないが、文様構成から七世紀第四半期のことと推測されている。

では、この湖東式軒丸瓦はどのようにして近江で成立したのだろうか。現状では成立した経過が明らかにされていないが、宇曽川流域の野々目廃寺の八葉連華文のものが古式のものとみられ、依知秦氏の氏寺に葺かれたことが注目される。依知秦氏が百済の公州地域とどのようなつながりがあったかは明らかでない。『日本霊異記』には、百済での戦い（白村江の役）から帰還した郡司層が寺院を造営した説話が記されている。そこで、これと同様のことがあったとすると、白村江の役（六六三年）では愛知郡出身の朴市秦造田来津《えちはたのみやつこたくつ》が派兵され、この戦いで非業の死を遂げたことが『日本書紀』天智紀に記されている。とすると、この田来津とともに白村江の役に赴いて戦ったこの地域の渡来人の氏族も少なくなかったものと推測される。湖東式軒丸瓦は、この戦いから後日に帰還できた愛知郡の渡来人の氏族によってもたらされ、この地域の氏寺に葺かれることになった可能性が少なくないものと推測される。

そして、その後、この湖東式軒丸瓦は蒲生郡の綺田廃寺、雪野寺跡、湖北の浅井郡の小江寺跡、浅井寺跡、伊香郡の井口《いのくち》廃寺などでも葺かれており、これもこれらの地域に居住した渡来人の寺院に葺かれたものとみなされる。

このように、近江の湖東地域に本拠地をもった多くの渡来人は、固有の軒丸瓦を製作して寺院の軒を飾ったことがわかる。これは渡来人が氏寺に同一形式の瓦当文様を付け、同族意識を強く持ちながら近江の湖東で開発を積極的に行ったことを示すものと推測される。

さて、蒲生町綺田廃寺も湖東式軒丸瓦を葺いた寺院である。この寺院を造営した渡来人は、佐久良川流域の開発を行った氏族とみてよい。そして、この廃寺のすぐ近くの石塔寺に百済系の三重石塔が建てられている。石塔寺は発掘調査が行われていないので、ここに石塔が建てられた経緯は明らかでない。平安時代以前には丘陵上に古代寺院を建立した例が少ないので、石塔寺の三重石塔は後にここに移された可能性がないであろうか。すなわち、近くに造営された渡来人による綺田廃寺から、現在の地に移された可能性も検討すべき課題となるであろう。それには、この二つの寺院を発掘調査することが望まれる。それによって、この石塔が構築された過程や歴史的意義が、さらに解明されることにもなるものと思われる。

以上述べたように、近江の各地に本拠地をもった朝鮮系の渡来人は、近江で活動の空間を広げながら、朝鮮半島の文化や習俗を同族意識を強化するために導入したことが想定される。そして、日本の古代国家にとっては、渡来人たちがもたらした高度な文化や新技術を在地の氏族が習熟することに強い期待があったものと思われるのである。

滋賀県の石塔文化と層塔

兼康　保明

近江の石造美術

近江は石造美術の宝庫

近江はしばしば「石造美術の宝庫」とたとえられるほど、優れた石塔や石仏などの石造品が各地に見られる。しかし、この近江の石造美術の盛期を、時代的にみればどうであろうか。県下の中世石造美術を詳細に調査した田岡香逸氏の報告によれば、鎌倉時代中期に遡るものは意外に少なく、鎌倉時代後期も一二八〇～九〇年ころから南北朝時代における時期に増加する。この時期こそ、近江で技術的に優秀な作品が数多く製作された時期である。しかし、石造美術の流れからみると、この時期は石塔の形式が定形化に向かう過渡期でもあり、完成された美しさはあるが、鎌倉時代中期の作品にみられるような力強さは無い。そして、南北朝時代も一三〇〇年代中ごろを過ぎるころから、しだいに大形の優秀な作品が少なくなっている。その反面、南北朝時代後期ころより石塔や石仏が簡略化し小形化するようになる。この小形化・簡略化した室町時代(十五、十六世紀)の石塔や石仏については、あまりの数の多さにその実態については把握しきれていないのが現状である。現在石塔寺境内に見られる小形の石塔や石仏、五輪塔《ごりんとう》、板碑《いたび》などは、二次的に集められたものではあるが、一つの限られた地域で、いかに多くの石塔が造立されていたかの証明になろう。その意味では室町時代になっても、依然として近江は量的に見て、「石造美術の宝庫」であることには変りないのである。

図1　鎌倉時代後期に製作された優れた石造美術の一つである涌泉寺（蒲生町鋳物師）九重塔（『涌泉寺九重塔修理工事報告書』より）

石塔の優れた地方色

近江の中世石造美術の特色は何かと問われたならば、まず一番に石塔の装飾性をあげることができる。鎌倉時代後期から南北朝時代にかけての近江石造美術の盛期に、石塔の形においても、シンプルな五輪塔より、複雑な形態の宝篋印塔《ほうきょういんとう》や宝塔《ほうとう》が好まれて造立されていることは、単に宗教的なものだけではないような気がする。少し古い資料であるが、昭和四十八年（一九七三）に田岡香逸氏が『近江の石造美術』六（民俗文化研究会）で提示したデータによれば、鎌倉時代後期の在銘品七九例の内、宝篋印塔は第一位で三六例、宝塔は第二位で二〇例あり、七三パーセント弱を占めるのに対し、五輪塔はわずか四例で、層塔の五例と大差はない。近年集められた在銘資料や、無銘のものを加えても、その割合が大きく変化することはないと思う。

図2　極楽寺（蒲生町石塔）宝塔基礎の近江式装飾文（鎌倉時代後期）

また、宝篋印塔や宝塔の基礎に

は、単に格狭間《こうざま》を刻むだけでなく、さらにその中に蓮華《れんげ》文様や孔雀《くじゃく》文様をデザインした、近江式装飾文とよばれる装飾が施され、塔形をいっそう華やかなものにしている［図2］。近江式装飾文とは、まさにその名称の通り近江を中心に発展した文様形式で、その分布も近江に集中し、現在近江に五〇〇基以上が知られている。その近江においても過半数が湖東に分布し、さらにその湖東地域の過半数を蒲生郡が占めているのである。ことにこの地域では、石塔の小形・簡略化の中にあっても、室町時代まで近江式装飾文が存在することが明らかになっている。

「石造美術の宝庫」の背景

今一つ、歴史的な流れの中から、近江各地に普遍的に見られる鎌倉時代後期から南北朝時代の優秀な石造美術の背景を考えてみよう。この時期に増えて行く石塔の造立、石塔の装飾化の傾向は、宗教的理由に合わせて、派手好みと言う感覚的なものもあるが、その背景にはそれを可能にする地域の経済力の高さを証明している。その経済力に支えられて、蒲生郡内には日野蔵王の石工や岩倉の石工など、優れた石材産地に石工が定住し、石材工業さえ生まれている。近江の他地域においてもしかりであろう。

また、室町時代に大量の簡略化した小形品が出現する背景も、それ以前と造立者層は変化しても同様な理由を抜きにしては考えられないのである。

古代・中世の石造層塔

奈良・平安時代の古式石造層塔

石塔寺三重塔は、石造美術の分類の中では層塔と呼ばれている。層塔《そうとう》の構造は、一般に基礎《きそ》・塔身《とうしん》の上に笠《かさ》を積み重ね、その上に相輪《そうりん》を立てたもので、笠の層数はすべて奇数である。三重・五重・七重・九重・十三重塔があるが、十一重塔はない。

層塔は石灯籠と共に、石造美術としては古い時代から登場するものであるが、現在残されている鎌倉時代以前の古い層塔の数は少なく、その最盛期は鎌倉時代後期から南北朝時代にかけてである。

奈良時代前期(白鳳時代)の石塔寺三重塔を最古に、奈良時代のものとしては天平勝宝三年(七五一)銘をもつ奈良県明日香村竜福寺五重塔のほか、その様式から奈良時代と推定されるものに大阪府太子町鹿谷寺《ろくたんじ》跡十三重塔、同岩屋五重塔、奈良市塔ノ森層塔[図3]があ

図３　奈良市塔ノ森層塔

るが、分布は近畿に限られている。ところが平安時代に入ると、その数も増えて分布も広くなり、在銘のものでは平安時代前期の延暦二十年（八〇一）銘をもつ群馬県新里村山上三重塔や、平安時代後期の康治元年（一一四二）銘をもつ鹿児島県国分市大隅国分寺七重塔がある。また著名なものでは、紀年銘はないがその様式から、鹿児島県隼人町の隼人塚層塔三基や、奈良県明日香村於美阿志神社十三重塔が平安時代後期のものではないかと見られているが、後者の年代については再検討が必要かもしれない。これら古式層塔に共通することは、一つ一つの塔に個性があることと、凝灰岩など軟質の石材を用いていることである。その中で石材という点からみれば、硬質石材である花崗岩を用いた石塔寺三重塔は、古式層塔としては異色である。

石造層塔の構造の二形式

石造層塔が一般的に造られるようになるのは、鎌倉時代中期に入ってからのことである。この時期の層塔をみると、各層の軸部が別石で造られたものと、笠と軸部が一石彫成で造られたものがある。古くは石塔寺三重塔にみられるごとく、軸部の背が高く、笠とは別石であったことから、軸部が別石で造られた形式の方が、笠と軸部が一石彫成で造られたものより形式的には古いものである。

笠と軸部の一石彫成が層塔に見られる早い例は、奈良市の般若寺十三重塔である。この塔は、鎌倉時代の初めに東大寺大仏殿再建の際、宋より来日し、鎌倉時代の石材加工技術を完成させ、中世石造美術の発展に大きな足跡を残した、伊行末《いのゆきすえ》の造立と言われているものである。高さ約一二メートルの巨塔にもかかわらず、笠と軸部が一石彫成の軸部造出し式で作られている。またこの塔は、それまでに作られた古式層塔の多くが、凝灰岩などのような加工の容易な軟質石材であったのに対して、硬質の花崗岩製であることも注目される。おそらくこの塔以後、近畿では、層塔の石材を耐久性のある花崗岩を用い、軸部造出《つくりだ》し式などが踏襲される。そして、鎌倉時代後期に入ると形式が固定し、軸部造出し式の層塔は普遍化するのである。この般若寺十三重塔の完成した時期は、塔に銘文は無いものの、やはり般若寺にある石製笠塔婆《かさとうば》の銘文より推定して、伊行末の没年である正元二年（一二六〇）を下限とする、鎌倉時代中期はじめの一二四〇年代ごろのものと推定されている。

一方、軸部別石造りの花崗岩製の層塔で年代のわかるものは、般若寺十三重塔とほぼ同時期のものと思われる京都府大山崎町の宝積寺九重塔がある。この塔は四層目軸部の側面に仁治二年（一二四一）の銘があり、軸部別石造り層塔の下限を推定することのできる資料でもある。また、文永七年（一二七〇）銘のある米原町松尾寺九重塔〔図4〕では、軸部別石造りと軸部造出し式の両式が併用されていることから、その推移が知られる。

図4　松尾寺九重塔（『涌泉寺九重塔修理工事報告書』より）

近江では、軸部別石造りで造られた層塔は、古式層塔の石塔寺三重塔を除けば、日野町猫田の禅林寺層塔、守山市東門院五重塔〔図5〕、中主町比江蓮乗寺三重塔、大津市日吉神宮寺跡層塔などが知られているがその数は少ない。また、これらの塔に紀年銘は無く、年代は個別に研究はあるが、概ね鎌倉時代中期（一二三五〜八五）ころと推定されている。ただ、層塔としての形をとどめてはいないが、石塔寺境内の石塔群の中にも軸部別石造りの層塔の笠部があることなど、今後は残欠の調査によってその数は増えるものと思われる。しかし、こうした形式の層塔が、直接石塔寺三重塔の系譜の中でとらえられるものではなく、その間を埋める資料は今のところ見つかってはいない。

図５　東門院五重塔（『涌泉寺九重塔修理工事報告書』より）

また、近江の地方色としての装飾化は、層塔にも鎌倉時代中期から見られ、元来は素面を本格とする層塔の基礎にも、輪郭を巻いて格狭間を入れ、近江式装飾文で飾っている。

蒲生町に残る中世の石塔とその背景

現在の三重石塔の周りには、銘などから建立年代が特定できる鎌倉時代や室町時代の石塔がいくつかある。以下、蒲生町に残る主な石塔を紹介する。［ ］内は所在の大字名。

石塔寺石造宝塔　［石塔］

三重石塔の東、勅使墓と呼ばれる土壇上に立つ。相輪は後世のもの。「大工　平景吉　大願主　正安四年（一三〇二）壬寅十月日　阿闍梨　奉造立之」という刻銘がある。石工の名がわかる中世の石塔として資料的な価値が高い。花崗岩製。国の重要文化財に指定。

石塔寺石造五輪塔　二基　［石塔］

三重石塔の東、勅使墓と呼ばれる土壇上に二基が並んで立っている。三重石塔から見て左手の塔は嘉元二年（一三〇四・鎌倉時代）の刻銘がある。右手の塔には貞和五年（南北朝時代・一三四九）の刻銘があり、大森（現八日市市大森町）の人々が講を組んで講員の追善供養のために建てた塔であるとわかる。いずれも国の重要文化財に指定。

五輪塔《ごりんとう》は、平安時代中頃から供養塔・墓塔としてつくられるようになった。五つの部分からなり、上から宝珠形の部分を「空輪」、半球を「風輪」、三角形を「火輪」、球形を「水輪」、方形を「地輪」という。花崗岩製。

涌泉寺石造九重塔　［鋳物師］

涌泉寺は桓武天皇の創建と伝えられ、元禄五年（一六九二）に再興された臨済宗の寺院。境内南東隅に建ち、永仁三年（一二九五・鎌倉時代）の刻銘がある。花崗岩製。国の重要文化財に指定。

赤人寺石造七重塔［下麻生］

赤人寺《しゃくにんじ》は、万葉歌人として知られる山部赤人《やまべのあかひと》の創建と伝えられる天台宗の寺院。本堂の裏庭に建ち、文保二年（一三一八・鎌倉時代）の刻銘がある。相輪は後世のもの。花崗岩製。国の重要文化財に指定。

梵釈寺石造宝篋印塔［岡本］

宝篋印塔《ほうきょういんとう》とは、「宝篋印陀羅尼経《ほうきょういんだらにきょう》」を入れた塔。相輪は失われている。嘉暦三年（一三二八）の刻銘がある。花崗岩製（日野町蔵王産）。国の重要美術品に指定。

中世の石塔寺は、現在、小字名などに「○○坊」といった名称が残っていることから、広い境内にいくつもの堂坊が建った大寺院（石塔にある極楽寺も石塔寺の坊の一つだった伝わる）となっていたと考えられる。

三重石塔の西側に続く尾根上には、中世の大規模な惣墓（共同墓地）と考えられる北谷遺跡があるが、発掘調査が行われていないため、その実態は

石塔寺にある14世紀に造られた三つの石塔。左から石造宝塔、石造五輪塔（嘉元2年）、石造五輪塔（貞和5年）

明らかではない。南北朝時代の文書により、石塔寺には死者供養や生前に自らの死後の冥福を祈る逆修《ぎゃくしゅ》供養などを行う「下道場」（学僧らが教学を修め祈祷などを行う上道場に対していう）があったことがわかっている。これを中心に、先祖供養のために供養塔が造立されたものと考えられる。

このように多くの人々の信仰を集めた石塔寺であったが、寛文十一年（一六七一）成立の『江州石塔寺記』が記すところによれば、応仁の乱（一四六七～七七）による戦火により一部を残して焼失してしまった。

江戸時代以降の石塔寺

司馬江漢による記録

本堂をはじめ多くの坊が焼失し、荒廃した石塔寺だったが、江戸時代となっても三重石塔の存在が広く知れわたっていたことは、慶安元年（一六四八）徳川家光のとき寺領朱印状を与えられ、蒲生町域では唯一の朱印寺となったことからも伺える。延宝四年（一六七六）に書き終えられた京都に住む黒川道祐《どうゆう》の『日次紀事』には、『拾芥抄《しゅうがいしょう》』にならったのであろう、「凡石塔寺金峰山竹生島東大寺金剛峰寺者、本朝五奇異之所也」と記されている。

また、蘭学者で、日本初の油絵を試み、洋風画の開拓者として知られる司馬江漢《しばこうかん》の旅日記『西遊旅《さいゆうりょ》譚《たん》』にも三重石塔は記されている。江漢は、寛政二年（一七九〇）に石塔寺を訪れた。

又行事二里余石塔村有。其村内石垣其外飛《トビ》石、又ハ流ニ、投田のかたわら、家の隅、見る所踏処《フムトコロ》、九輪、丸石、屋根形《ナリ》の類《ルイ》、皆石塔の片《カタワレ》なり。程なく石塔寺に至る。石堦《ザカ》あり。石壇《ダン》悉石塔の古《フルキ》を以て畳《タヽム》。登《ノボル》る事二十間余。其上百歩《ホ》四方の平地にして石の大塔あり。めぐりにも石塔多し。

石塔村のあちこちには多くの石塔類の残欠があり、三重石塔の周囲にも石塔がたくさん建っていたとしている。

三重石塔は多くの参詣者を集める名所となっており、日野から八日市へ抜ける道の綺田あたりから石塔寺へ向かう道が開けていた(現在は、圃場整備の影響などで道筋などが変わっている)。大字石塔の北端近くには参詣者の便宜を図った道標が立っており、碑面には「法塔(宝塔、三重石塔のこと)」「右ひの(日野)道」と彫られている。天保十三年(一八四二)には現在の本堂が建てられ、あわせて三重石塔に至る石段も改修された。

福田海による石仏群の整理

明治以降の出来事としては、大正十五年(一九二六)五月、大阪を拠点とする宗教結社「福田海《ふくでんかい》」の中山通幽を中心とする同志が石塔寺を参詣し、周辺の石仏を三重石塔の周囲に整理することを決めたことが大きい。同年九月には県からの許可を得て、工事が昭和二年三月に開始された。石塔村では「石仏奉賛少年団」が組織され、地元の少年たちも作業に加わった。

その結果、石塔寺周辺の溜池や斜面、谷間などから三月十七日に一〇〇体、十九日に二九五体、二十二日に三八三体、二十三日に三一三体、二十七日に二二六体、四月十一日に百から二百の石仏が発掘された。四月二十六日付の『大阪朝日新聞』は「石仏の出る村」の見出しでこのことを、さらに同年十月十五日付の同紙は発掘された二万基余りが石塔寺山上にうずたかく積まれていると報じている。

発掘とその整理は、昭和三年五月から第二期、昭和六年五月から第三期と継続され、現在のように三重石塔の周囲に集められた石塔が整然と並ぶ景観となった。石塔のほとんどがその形状から江戸中期から末期の製作と考えられる供養塔である。全国的にも他に例をみない数量は、三重石塔とそれにまつわる伝説を背景に、石塔寺近在では聖《ひじり》による勧進活動もあって鎌倉時代以来の造塔の風習が受け継がれ、広く庶民も墓地とは別の場所に供養塔を建てていたためと考えられている。

第二部　石塔寺三重石塔のルーツ

基調報告1

百済塔と蒲生の石塔寺三重石塔

鄭永鎬

まず、皆さんにお詫びすることは、実はこのお話、通訳を考えていたんですが、時間を節約するために通訳を使うよりは直接、日本語でしゃべったほうがいいという話がありまして、本当に下手な日本語でございますが、お許しください。日本語は本当に難しいですね。特に専門的な用語は本当に難しいです。でも、勇気をもって皆さんに日本語でしゃべりたいという気持ちで日本語でお話することにしました。

一目で「百済的な石塔だ」と感じた

最初、一九八二年度に来たときはセキドウジと言ったんですが、いまはイシドウジになりました。この石塔寺に来て三重の石塔を拝見したとき、これは日本のスツーパ（木塔）とか、日本の石塔とは全然違った形だと。一目で、これは韓国的な石塔ではないかと思ったんです。それで、東京に戻って、東京国立文化財研究所の皆さんといろいろ話をした際に、日本に来て韓国と日本、また日本と韓国の文化交流の中で一番最初に見つけたところは蒲生町の石塔寺の三重石塔だと申しました。これには百済的な点がたくさん残っているという話をしたことがあります。

蒲生町だけでなくて、日本の至るところに韓国的なそういう構造も見えるし、また遺跡も見えるし、遺物も見える。韓国の場合だったら高句麗、百済、新羅の三国時代から五五二年または五三八年に百済から仏教が奈良の飛鳥に伝わった、それ以後、特に仏教的な文化が日本に渡ってきたということで、これは当たり前のことじゃないかという考えを持ちました。

もちろん石塔寺の三重の石塔の建立が果たして奈良前期か、または平安時代といったことは別にして、いろいろな点から見て最初から「これは百済的な石塔だ」と感じたということを報告いたします。

本日のレジュメに載っている文章を見ますと「滋賀県蒲生郡蒲生町のひっそりとした所に石塔寺があり、かなり高い地の上に三層石塔が建立されている。この石塔寺三層石塔に関しては、日本の仏教美術関係書籍にたくさん紹介されていますけれども、ここに『日本の石塔』という本が一九七〇年度に発行された」とありますね。そこに、大きな写真とともに紹介されております。続いて「土地では石塔寺と呼んでいる、聖徳太子の建立と伝える。一〇〇六年、地中より古い石塔一基を発見し」と書いていますが、ここに一つ問題があるのは「この塔は阿育王（インドのアショカ王ですが）八万四千塔の一つであると伝え」という点。インドのアショカ王の八万四千塔といえば紀元前三世紀です。だから、これは伝説みたいな内容ですね。そして一番下のところに、天智天皇八年（六六九年）に百済の帰化人七百余人が蒲生郡に来たと。そして、この人々は「供養塔ではなく伽藍の塔として造立したものである。奈良時代前期のものと見られる」という内容が見られますが、これは本当に貴重な内容じゃないかと考えています。

しかし、ここで注意すべきところは、先ほど申し上げたとおり、インドのアショカ王の八万四千塔の一つだということとは、古い時代からずっと伝えている、土地の皆さんの一つの伝説じゃないかと考えております。この上の説明文で注意すべき点は「安定感があって、大陸的な感をあたえる塔である。そして天智天皇八年（六六九年）に百済の帰化人七百余人が蒲生郡に来て住んでおった。そして、この塔はそれらの人々がここへお寺を建てて、母国の様式によって建立したものであろう」と。ここに注意をすべきじゃないかと思います。

百済様式の石塔の歴史

韓国の歴史で高句麗《コグリョ》《こうくり》・百済《ペクチェ》《くだら》・新羅《シルラ》《しらぎ》の三国時代が終わって、新羅の統一時代、それは七世紀の後半から八世紀、九世紀まで、約二五〇年間続いたのですが、それが高麗《コリョ》《こうらい》時代になったら韓国の仏教美術は元高句麗の領土だったところでは高句麗のものが、また新羅の領土だったところ(いまの慶尚北道《キョンサンプクド》、慶尚南道《ナムド》)の周辺では新羅の形がある。そして、もちろん百済の領土(いまの忠清《チュンチョン》南道、全羅《チョルラ》北道、全羅南道)一帯では百済的な建物、または仏像、石塔が十一〜十二世紀にわたってあちらこちらに造られました。それが、現在あちらこちらで調査されているものです。

場岩面《チャンアムミョン》長蝦里《チャンハリ》の三重の石塔も

図1　定林寺址五層石塔（忠清南道　扶餘）

図２　王宮里五層石塔（全羅北道　益山）

その一つではないか。韓国の学者たちはみんなそういう考えをしております。実際に百済に残った石塔はたった二つです。一つは弥勒《ミルク》寺《サ》という廃寺に大きな石塔が残っています。それは七世紀の前半のものです。もう一つは忠清南道の扶餘《プヨ》の定林寺《チョンニムサ》の五重の石塔〔図１〕です。その二つの石塔をモデルとして、百済の土地だった周辺では、高麗時代に下がっても、それを真似て造ったと考えられます。

弥勒寺の石塔を真似た、その石塔を模範として造った石塔は、王宮里《ワングンニ》という村があって、その村に残っている五重の塔〔図２〕があります。それ以外のあちらこちらに、これが高麗時代のものか、百済時代のものか、分別ができないほどそっくりな石塔が造られています。

長蝦里の三重石塔と石塔寺の三重石塔の比較

いま、長蝦里の三重石塔と石塔寺の三重石塔と比較してみますと、下のほうに、一段の地台石がありますね。その地台石があって、その上に三重の石塔を乗せており、その塔身《とうしん》の上に屋根があります。その屋根と塔身と、屋根と塔身というふうに、残っている三重の塔身が、部分的にはそっくりではないけれども、全体的なイメージや造り方はほぼ長蝦里三重の石塔と同じ形だとおわかりになると思います［図3］。

図3　長蝦里三層石塔（忠清南道　扶餘）

そして、この長蝦里の三重の塔の年代をどう考えるかと言いますと、これは申光燮先生が発表されると思いますけれども、高麗時代であってても早い時代、高麗初期の建立じゃないかと考えております。それに比較して、石塔寺の三重の石塔は果たしてどうか。その年代の問題はシンポジウムでいろいろ話をしながら証明しようと思っております。

では、その内容をスライドを何枚か見ながら申し上げたいと思います。

1　この石塔が、韓国では一番古い時代に建てたとされる弥勒寺の九層です。いまは六層ですが、調査の結果、もう三段、もともとはあったとわかりました。

1　弥勒寺址石塔（全羅北道　益山）

ここで、われわれが注意すべきことは、材質の変化です。韓国の場合は至るところに花崗岩があり、この石塔ももちろん花崗岩です。韓国の石塔は、最初から石で建てたのではございません。最初は木で造った木塔だったのです。それは百済でも高句麗でも新羅でも同じで、中国からその様式を学んできたものでした。その後、花崗岩で造るようになりました。

この周辺は、一九八〇年から一〇年間、国で発掘したんですが、その発掘のとき、この石塔と同じ形の同じ大きさの石塔の

2　定林寺址五層石塔（忠清南道　扶餘）

3　王宮里五層石塔
（全羅北道　益山）

址が東から発見されました。つまり、これは両方に石塔があったと。もう一つは、両方の石塔を結んだ線上、その真ん中で木塔の址が発見されました。最初は木塔のスツーパを造ったあと、七世紀前半に石塔が建てられたのです。

2　これが、いま扶餘に残っていまして、さっきの弥勒寺の石塔よりは時代が下がった五重の石塔です。これはもちろん百済です。この屋根のところと塔身のところ、また塔身と屋根、こういう部分をご覧になって、次の石塔をご覧ください。

3　これは、弥勒寺の廃寺から直線距離で約四キロメートルぐらいの所です。これも単層です。そしてこういう屋根、こういう塔身です。これは五重の塔です

5　清涼寺五層石塔・七層石塔
（忠清南道　公州）

4　長蝦里三層石塔
（忠清南道　扶餘）

が、やはり高麗初期の石塔で、花崗岩です。ただし様式は、弥勒寺の百済的な様式をそのまま持ってきたものです。

4　これが、長蝦里の三重の石塔です。以前は周囲に石垣がありましたが、今はなくなりました。これは地台石が一層です。こういう塔身があって、こういう屋根があるという塔身の様式は、先ほどご覧になった扶餘にある定林寺址の五重の石塔とそっくりです。

5　これは、公州《コンジュ》にある五重の塔（一層は壊れています）と七重の塔です。これは、塔身、地台石とか、屋根の石とか、すべて百済様式の特徴を持っています。ですから建立は高麗時代の初期にあたります。

7　隠仙里三層石塔（全羅北道　井邑）

6　庇仁五層石塔（忠清南道　舒川）

6　これは忠清南道の庇仁《ビイン》というところです。先ほど申し上げたように、百済の領土だった忠清南道と全羅北道と全羅南道では、高麗時代にも、百済時代の石塔をモデルとして建てました。庇仁というところには、こういう塔身、一層の地台石があって、こういう屋根がある。この屋根は新羅石塔の屋根とは全く違います。新羅の屋根はこれがちょっと太いでしょう？　でも、これは薄くて平たい屋根の形をしております。

7　これも地台石が一層で

8　泉谷寺址七層石塔（全羅北道　井邑）

9　麻谷寺五層石塔（忠清南道　公州）

す。そして塔身は薄くて広い屋根があります。これはそれほど遠くなく全羅北道です。

8　これは、本当に面白い石塔です。もちろん高麗時代ですが、岩の上にそのまま塔身を建てたもので、泉谷寺《チョンゴクサ》というお寺に残っています。

9　これは公州の麻谷寺《マゴクサ》という所です。百済的な石塔からちょっと変わった屋根ですが、そのルーツはやはり百済の石塔です。

10　これは蒲生町です。田んぼが広がっています。

11　これは石塔寺への入り口のところです。木の中に見えている屋根が本堂です。

10　蒲生町東部（中央奥が石塔の集落）

12　石塔寺の高い階段

11　石塔寺

13　三重石塔

12　石塔寺の階段です。今朝、ここを登ってきたのですが、ちょっときつかったです。

13　ここ三カ所がそういう様式ですが、まず、この地台石は一枚の地台石です。これは本当に百済的な、また高麗時代に下がっても、いままでに見た百済の様式で、そういう石塔で見られる地台石です。もう一つは屋根です。屋根が平たくて、とても薄い。もう一つは、この部分。これを韓国では仏龕《プラム》《ぶつがん》と呼んでおり、古い時代にも出てきますが、高麗初期の遺跡に多く出てきます。そして、もう一つ、この屋根の下、雨が降ったら水が落ちる部分に彫りこみがあります。これは日本の石塔では見られない特徴だと思います。相輪は、その後に新しく造ったものだと考えられます。この地台石から塔身、屋根、すべて花崗岩です。日本の石塔は、花崗岩は稀だろうと思います。

　この石塔と日本の伝統的な石塔を比較してみると、これは、すんなりとした塔身ですが、日本の石塔は、特に代表的な宇治の平等院の十三重塔、また、京都国立博物館にある馬町《うままち》十三重石塔、そして奈良にある有名な般若寺の十三重塔。これらはすべて最初の一段、一層の塔身はすんなりしていますが、石塔寺の三重石塔は、タッタッタッとして何の比例も見えません。伝統的な日本の三重塔とは全く違った様式だとわかると思います。

　以上のことから、蒲生郡、蒲生町、この滋賀県一帯には天智天皇六六九年に百済の渡来人七百余名が移住して、ここで住みながら、自分の母国のことを考えてつくったものだろう。伝説というよりも実際にそうだったと考えてよいのではないかという気持ちでございます。

基調報告2

石塔寺三重石塔建立の背景

西谷　正

石塔寺三重石塔の系譜

ただいまもお話がありましたように、石塔寺の石塔は、ともかく日本古代において非常に特異な存在です。一つは、他に例がないということですし、非常に古い石塔であるということですね。最古・最大という位置づけがなされています。

そして、いま鄭永鎬先生がお話になりましたように、百済の系統であるということは、皆さん、おっしゃっているわけですが、百済の石塔の中で、そのモデルになったのは、百済の最後の都であった扶餘《プヨ》の定林寺《チョンニムサ》の石塔といわれます。そこの伽藍配置図と石塔の図「図1」を示しておきました。この定林寺石塔モデルとして、その後、高麗時代にあちこちで石塔がつくら

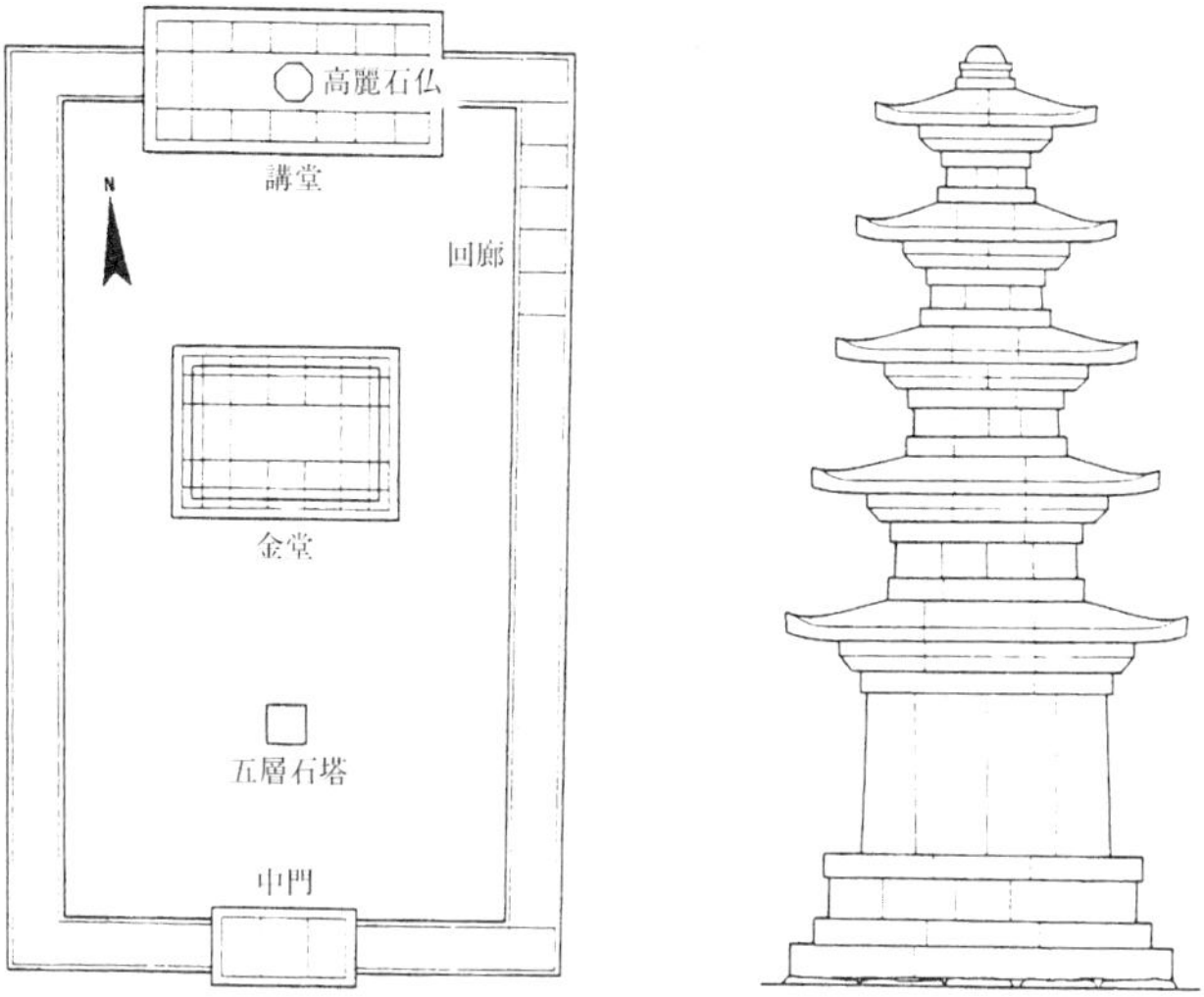

図１　定林寺伽藍遺構配置図と五重石塔実測図（『日本と韓国の塑像』飛鳥資料館図録第14冊による）

れたようであります。

そういう百済並びにかつて百済のあった地域で、高麗時代につくられた様々な石塔の中で、石塔寺と最も近いと言われるのが、場岩面《チャンアムミョン》の長蝦里《チャンハリ》の石塔です。石塔寺と長蝦里の石塔の図［図2、3］を並べておりますので、改めて比較していただきたいと思います。

全羅北道井邑市の隠仙里にある石塔

この長蝦里の石塔並びにその地域のことを考えるときに参考になるかと思いまして、全羅北道《チョルラブクド》井邑市《チョンウプ》の隠仙里《ウンソンニ》にある石塔［図4］を一つご紹介しましょう。さきほど鄭先生のスライドの中にも一枚見えておりましたが、改めてこの

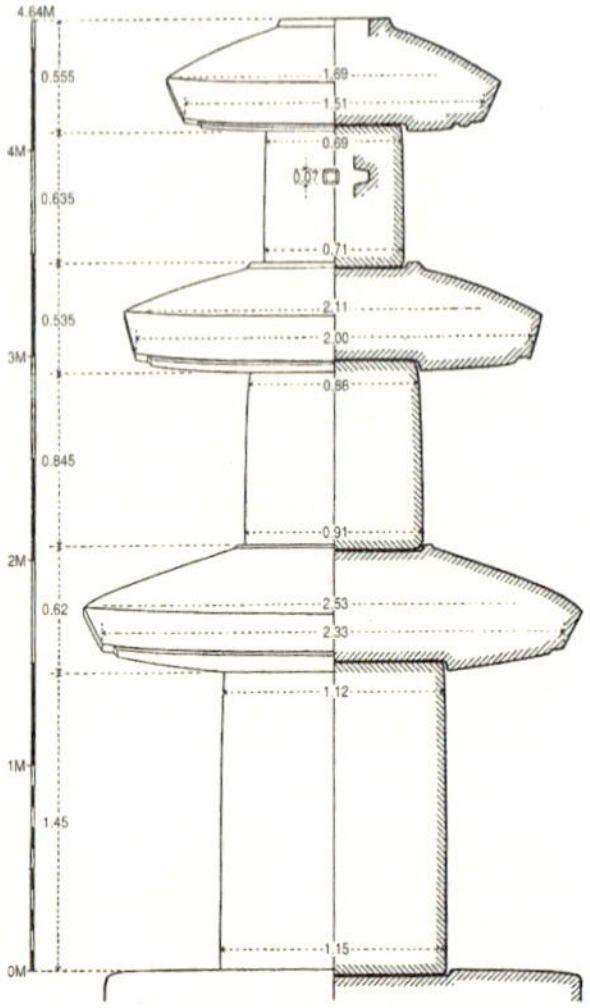

図2　石塔寺三重石塔実測図（『考古学』第８巻第６号による）

図3　長蝦里三重石塔実測図（『塔婆』国宝巻６による）

問題を取り上げたいと思います。

なぜ私がこれを取り上げたかというと、隠仙里の石塔が建っているところは、歴史的にみて百済地域の一つの中心地なのです。レジュメに示した地図［図5］で真ん中よりちょっと右手、つまり東のほうに塔の印がありますが、ここに隠仙里の石塔が建っています。この塔の建っているところでは、すぐ右手、山のほうに隠仙里古墳群というのがあります。さらに、この塔から北に一キロメートルほど行くと雲鶴里古墳群があります。このように、石塔のある所にはこういった古墳群があるということです。

特に、北にある雲鶴里古墳群から

図4　隠仙里三重石塔　―背後の山の中に古墳群がある―

は龍の模様を透《す》かし彫《ほ》りにした金銅製の帯の金具が出ており、これは研究者の間では、大阪の七観山古墳からの出土品と似ているところから、かねて注目されています。そういう古墳群ばかりでなく、雲鶴里古墳群のすぐ左、西側には自然丘陵を利用して、まわりを削り出したらしい土城址があります。調査をされた全栄來先生によれば、たぶんこれは木柵で囲まれた、この地域の中心になるような集落があったんではないかということです。集落といっても普通の集落ではなくて、地域の役所のような性格を備えたところではなかったかとおっしゃっています。

次に、地図の左下のほう、つまり西南のほうにいきますと、そこに金寺洞山城というのがあります。ここは二つの尾根を取り囲むようにして山城が築かれていまして、城壁が二キロメートル以上めぐっています。このように見てきますと、この隠仙里の石塔の建っている地域には古墳だけでなく、地域の中心になる役所のような集落、さらに山城と、いろんな遺跡群が集中していることがわかります。

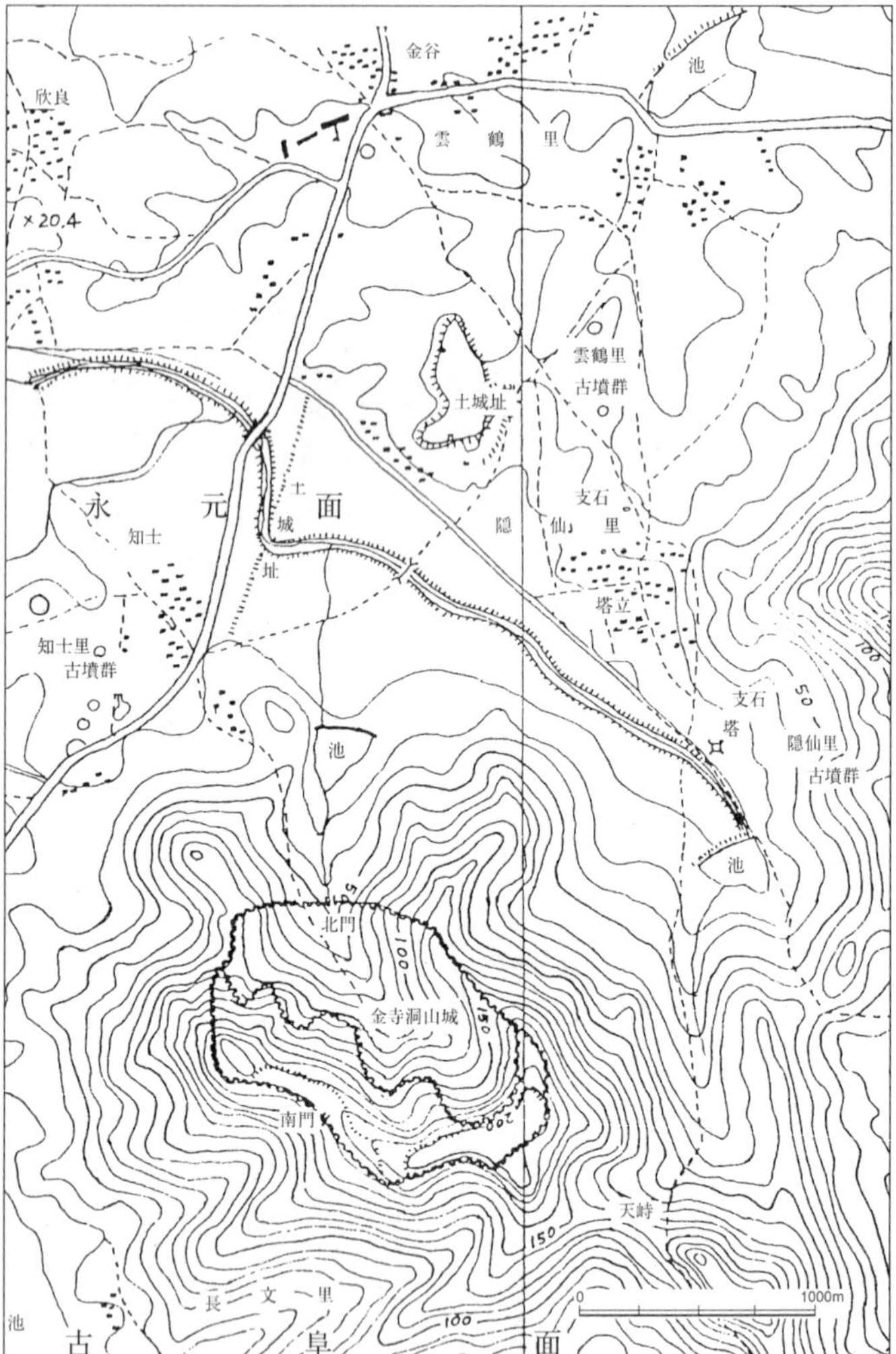

図５　金寺洞山城付近遺跡群位置図
（全栄来　1980『古沙夫里－古阜地方古代文化圏調査報告書』による）

図6　隠仙里石塔から雲鶴里古墳群のある丘陵を望む

この隠仙里は古阜《コブ》という地域にあるのですが、これは百済の古い地名です。このようにいろんな遺跡群のある地域は古阜地方と申しまして、百済時代には「中方古沙夫里城」と呼ばれていた地域にあたるのではないかと考えられています。百済という国は五つの地域に分けて治められていました。現在で言えば都道府県ごとに行政をやっているように、中方があり、東西南北それぞれ中方、南方、東方という感じでした。その中方の中の古沙夫里に相当するだろうとされています。

百済の滅亡

ご承知のとおり、七世紀後半に百済の都が陥落します。都が陥落したからと言って百済全体が滅亡したわけではありません。あちこちの村々で勢力が残っているわけです。この古阜地方、つまり、当時の古沙夫里という地域も新羅との統一戦争の中で滅ぼされていったものと思われます。

以下は、スライドをご覧いただきながらご説明いたします。

1　半島の西南部が百済の地域です。最初、現在のソウルの近郊で国ができて、現在の公州、扶餘へと都が移っていきました。現在、錦江《クムガン》と言っていますが、かつて白村江《ペクチョンガン》《はくすきのえ》と呼ばれた付近で戦争があって百済が滅亡することになります。

2　当時の東アジアを見ますと、日本列島は「倭《わ》」と呼ばれていましたが、韓半島（朝鮮半島）には北の高句麗、西南部の百済、東南部の新羅、その間に伽耶という国がありました。そして、中国は北朝と南朝に大きく分かれていました。そういう中で、最初に伽耶が新羅によって滅ぼされ、続いて新羅と唐（南・北朝が統一されて隋・唐になった）が連合して百済を滅ぼします。その結果、百済から多くの人々が日本列島へ移住してきたのです。

3　全羅北道の井邑の隠仙里という地に三重の石塔が残っています。

4　資料中の地図です。この西のほうに百済の都があったわけですが、まず都が落ち、各地がどんどんと滅ぼされていくという一つの地域であります。ここ隠仙里付近にもかなり大きな一つの地域の中心がございます。

5　その隠仙里には、写真のように二つの山を取り囲んで城壁をめぐらせた山城があります。

6　その近くには地域の中心だったと考えられる集落遺跡があり、雲鶴里という山の上には古墳群が残っております。ここからは龍の模様を透かし彫りにした帯金具《おびかなぐ》が発見されました。

7　続いて隠仙里の石塔に関連しまして、このすぐ東側の山の上にも古墳群があります。石塔の周辺にはいろんな遺跡があるということです。つまり、そこに一つの地域の中心があったと考えられます。

したがって、長蝦里の石塔を考えるときも、そういった他の遺跡群をあわせてもう一度考え直してみてはどうかと思っています。

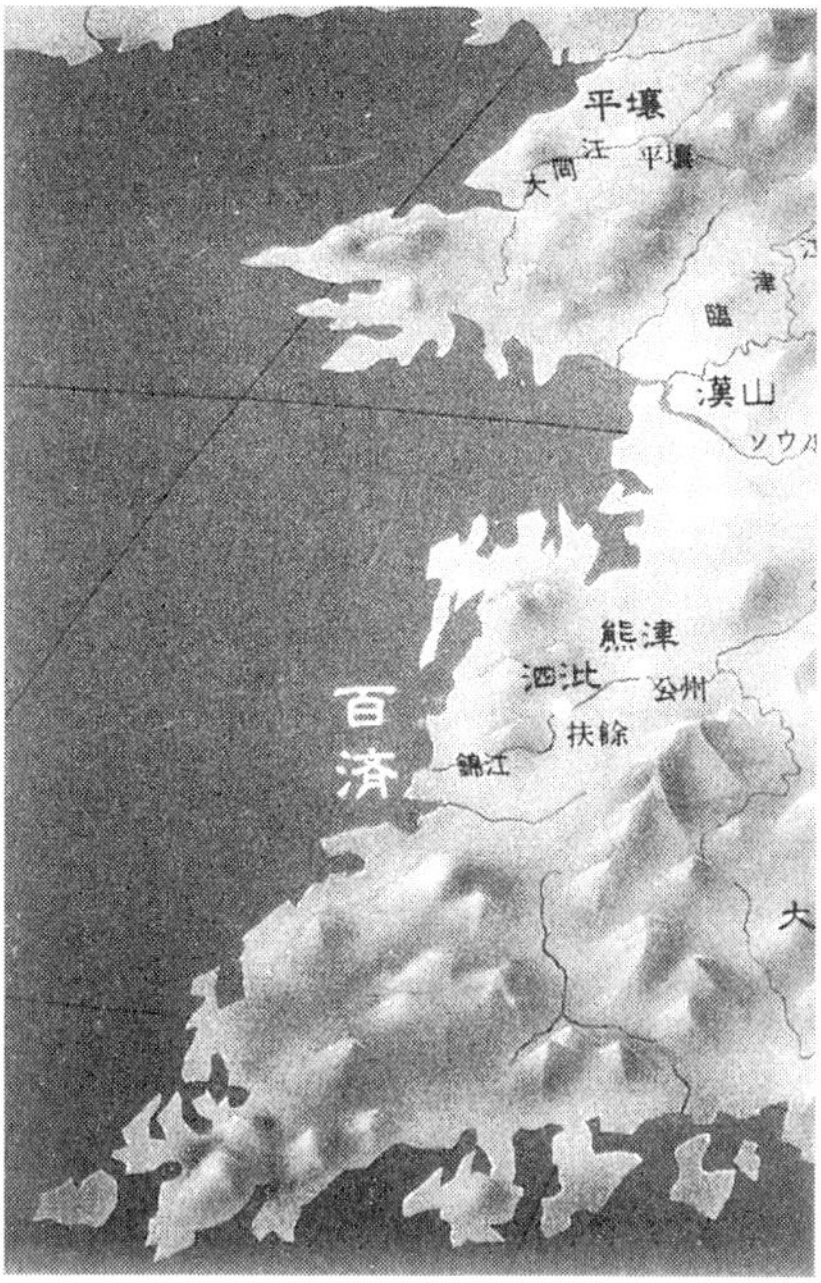

1　百済の地域

8　長蝦里石塔ですけれども、これも一番下の高さが高いという点が大きな特徴です。全体としては隠仙里と同様に三重石塔であり、石塔寺の石塔と相通じるところがあります。

長蝦里についても、長蝦里に石塔があるということは恐らく

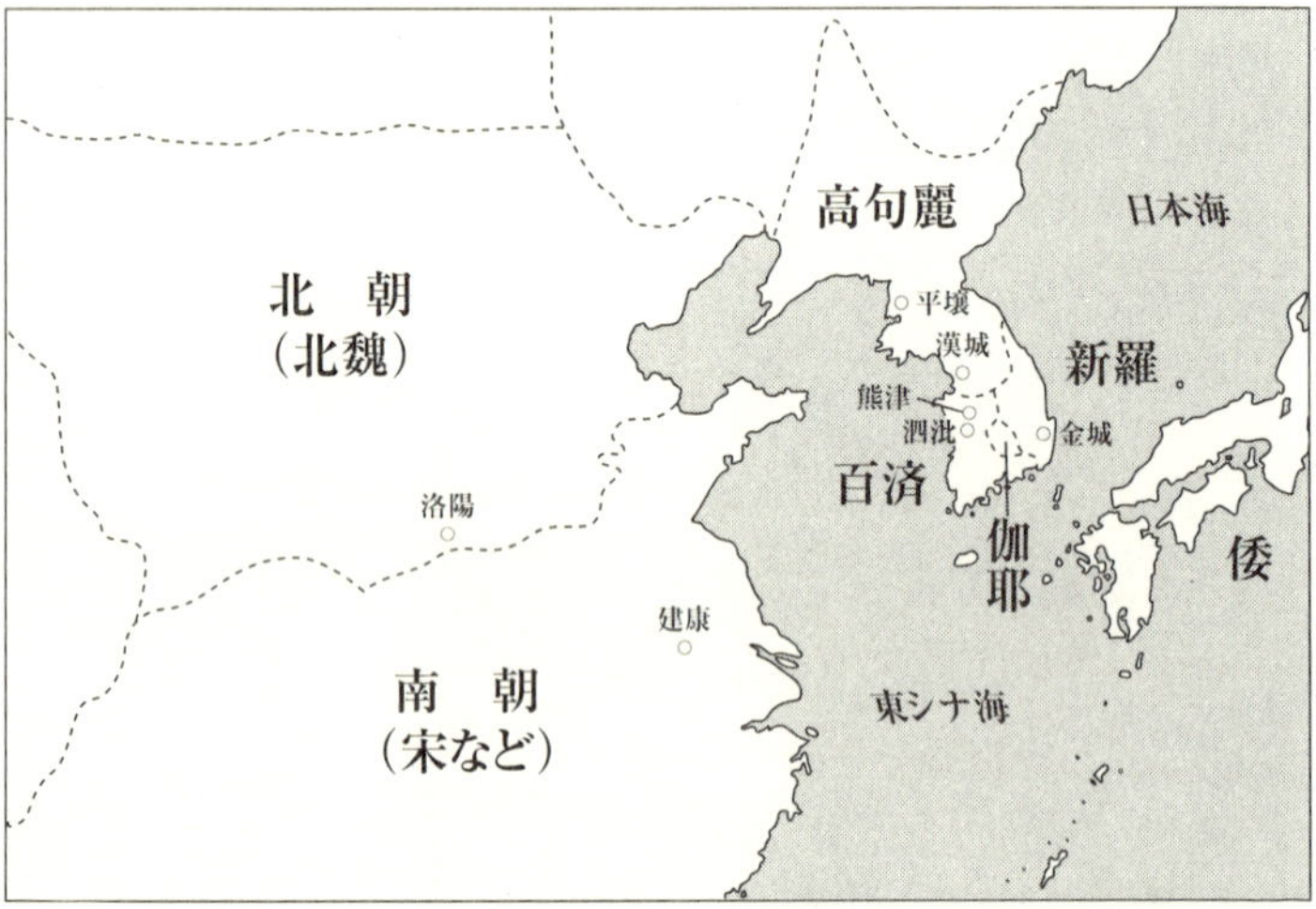

2　5世紀後半ごろの東アジア

4　韓国

3　隠仙里三重石塔（全羅北道井邑）

5　隠仙里の山城

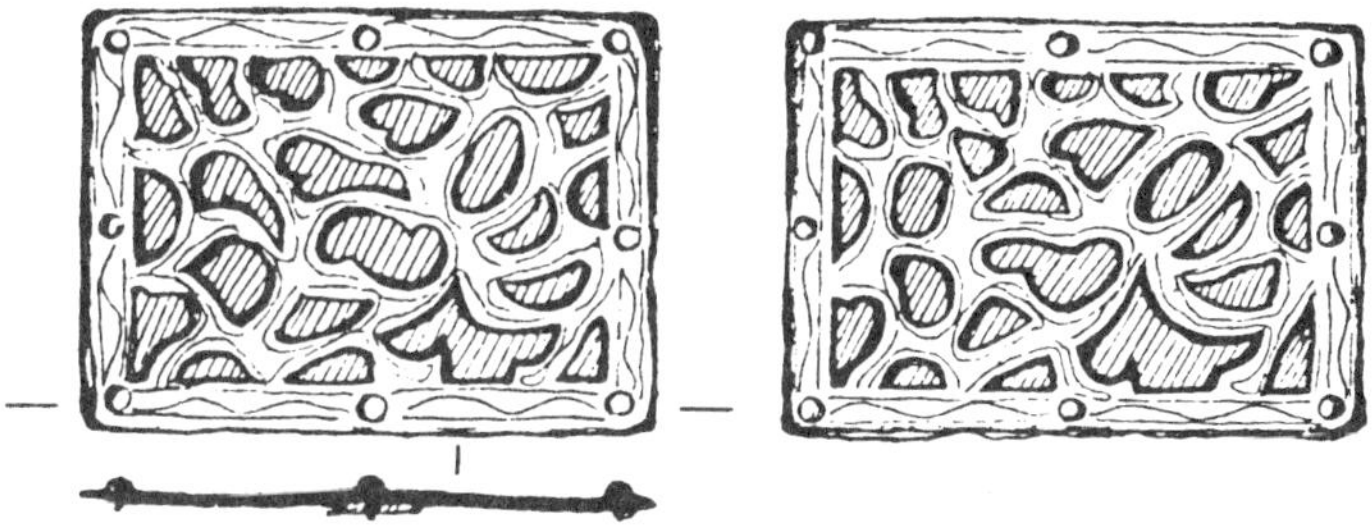

6　雲鶴里古墳群出土の帯金具

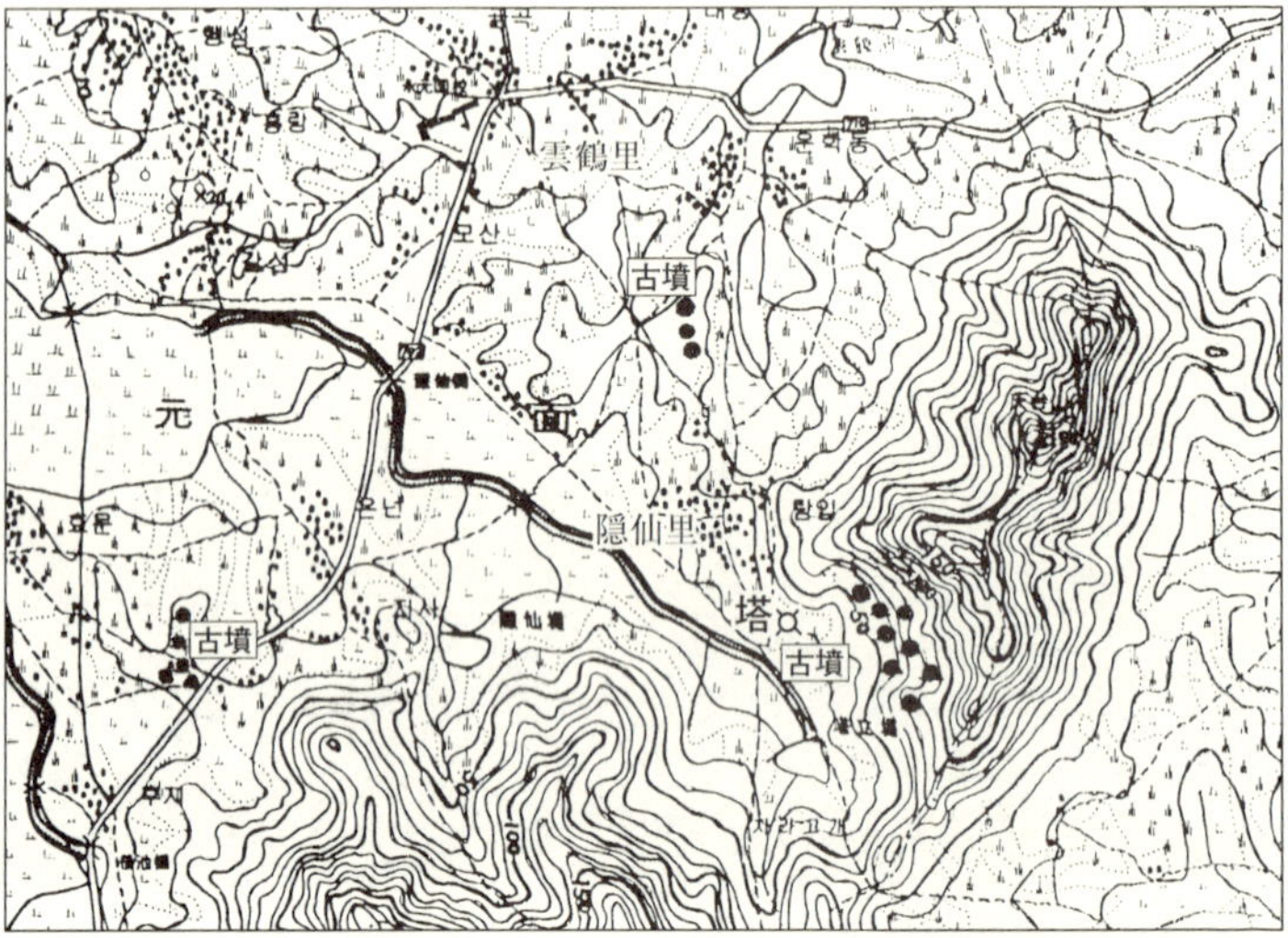

7　隠仙里付近の古墳群

8　長蝦里三重石塔

その周辺にいろんな遺跡が残っていて、地域の一つの中心ではなかったかと思います。都が落ち、都の近くの長蝦里のある場岩面一帯が落ち、そしてさらに南の数十キロメートル離れた、現在の井邑市のあたりも滅びるという形で、完全に百済が新羅の領域へ入っていくという歴史をたどったのではないでしょうか。長蝦里を考えるときに石塔だけではなくて、それ以外に、地域を支えた人々が残したいろんな遺跡をトータルに考えていく必要があるのではないかと思います。

石塔寺三重石塔建立と渡来人

百済の都が落ち、都の周辺、さらに各地方がどんどんと滅ぼされていきます。そして百済が滅亡ということになるわけですが、そこで思い出すのが有名な『日本書紀』の記事です〔次ページ資料参照〕。天智天皇四年の「百済人の男女四百余人を、近江の国の神前郡《かんざき》に住まわせた」、続いて天智天皇八年には「男女七百余人を近江の国の蒲生郡に移した」という記録が出ています。都が落ち、各地域がだんだんと滅びていくことをきっかけとして、百済からこの日本列島に多くの人々、少なからざる人々が移ってきたのです。そういう背景の中で理解すべきであろうと思います。これは、もうすでに多くの方がおっしゃってい

『日本書紀』関連記事

垂仁天皇　二年（是歳）

御間城天皇《みまきのすめらみこと》の世に額《ぬか》に角《つの》有《お》ひたる人、一《ひとつ》の船に乗りて、越国《こしのくに》の笥飯浦《けひのうら》に泊れり。故、其処を号《なづ》けて角鹿《つぬが》と曰《い》ふ。問ひて曰はく、「何《いづれ》の国の人ぞ」といふ。対へて曰《まう》さく「意富加羅国《おほからのくに》の王《こきし》の子、名は都怒我阿羅斯等《つぬがあらしと》。……伝《つて》に日本国《やまとのくに》に聖皇《きみ》有《ま》すと聞《うけたまは》りて、帰化《おもぶ》く」

三年三月

新羅の王の子天日槍《あめのひぼこ》来帰《まうけ》り。

一に云はく、初め天日槍、艇《はしぶね》に乗りて播磨国に泊りて、宍粟邑《しさわのむら》[1]にあり。……「臣《やつかれ》が住まむ処は、若し天恩《あめのめぐみ》を垂れて、臣が情《こころ》の願《ねがは》しき地《ところ》を聴《ゆる》したまはば、臣親《みづか》ら、諸国を歴《めぐ》り視《み》て、則ち臣が心に合へるを給はらむと欲《おも》ふ」とまうす。乃ち聴したまふ。是に、天日槍、菟道河《うぢがわ》より泝《のぼ》りて、北近江国の吾名邑《あなのむら》[2]に入りて暫く住む。復た近江より若狭《わかさ》国を経て、西但馬国に到りて則ち住処《ゐどころ》を定む。是を以て、近江国の鏡村の谷《はさま》の陶人《すゑびと》は、天日槍の従人なり。故《かれ》、天日槍、但馬国の出嶋《いづし》の人太耳《ふとみみ》が女《むすめ》麻多烏《またを》を娶《と》りて、但馬諸助《もろすけ》を生む。

天智天皇　二年二月（六六三）

佐平福信、唐の俘続守言《とりこしょくしゅげん》等を上げ送る。

八月

白村江《はくすきのえ》の戦・百済滅亡、朴市田来津《えちのたくつ》戦死。

九月

日本の船師、及び佐平余自信《さへいよじしん》、達率木素貴子《もくそきし》、谷那普首《こくなしんす》、憶礼福留《おくらいふくる》、并て国民等、弖礼城《てれさし》に至る。明日、船発ちて始めて日本に向ふ。

三年（是歳）（六六四）

防《さきもり》と烽《すすみ》とを置く。

四年二月

佐平福信の功を以て、鬼室集斯《きしつしゅうし》[3]に小錦下を授く。

（六六五）　　復、百済の百姓男女四百余人を以て近江国の神前郡《かんさきのこおり》に居く。

　　三月　　神前郡の百済人に田を給ふ。

五年十月　　京都の鼠、近江に向きて移る。百済の男女二千余人を以て、東国に居く。凡て緇《ほふし》と素《しろぎぬ》と択ばずして、癸亥の年[4]より起りて、三歳に至るまでに、並に官の食を賜へり。

（六六六）

六年三月　　都を近江[5]に遷す。

（六六七）

七年五月　　蒲生野[6]に縦猟したまふ。

（六六八）

　　七月　　近江国、武を講ふ。又多に牧を置きて馬を放つ。

八年十二月　　大蔵《おおくら》に災けり。

（六六九）

（是歳）　　佐平余自信、鬼室集斯等男女七百余人を以て、近江国の蒲生郡に遷し居く。

九年二月　　戸籍を造る。天皇蒲生郡の匱迮野《ひさのの》に幸して、宮地を観《みそな》はす。

（六七〇）

天智天皇

①宍粟《しそう》邑（兵庫県宍粟郡）兵庫県中央部揖保川の上～中流域、中央山地の西部。山崎町、安富町、一宮町、波賀町、千種町。

②吾名邑（滋賀県坂田郡近江町箕浦付近）

③鬼室集斯（福信の子か）

④癸亥の年（天智称制二年）

⑤近江（大津宮）

⑥蒲生野（滋賀県）

脚注は『日本書紀』日本の名著所収（中央公論社刊）より

ることですが、改めてそう思うわけです。

あったはずの仏教寺院

ところで、現在の石塔寺にこういった百済系の石塔が建っているということは、当然ここに寺院があったと考えるべきだと思います。先ほど申しましたように、定林寺をご覧になっても、塔があり、金堂・講堂・中門があり、そして、回廊がめぐるという伽藍配置が見られます。塔だけ一つでお寺は成り立ちません。伽藍があって、その中のお舎利を納めたところが石塔であったのです。それでは石塔寺の三重石塔以外にどういう建物があったのかということは、いまのところわかっていませんので、今後の課題であろうと思います。

蒲生町では例えば宮井廃寺という白鳳時代、つまり石塔寺の石塔とほぼ同時期の寺院址が調査されております。会場のロビーにも、塔の基壇の写真とともに出てきた瓦類が展示されておりますので、また皆さんご覧いただきたいと思います。そして、この会場から二・五キロメートルほど行くと有名な雪野寺の跡があります。つまり、この地域には仏教寺院、それも白鳳時代といった古い寺院がいくつもあります。そこで、この蒲生野の地域は日本の中でも、もちろん近畿地方の中でも初期の仏教文化の一つの中心であったのではないかと考えるわけです。

当時の寺院というのは、いまで言えば総合文化センターのようなところといえます。もちろん仏教という宗教理念を信仰する場ではありますが、ことあるごとにいろいろなイベントが行われ、とにかくたくさんの人が集まった場所です。当時としては最高の建造物であり、それを建てるためには高度な土木技術と建築技術が必要でした。そういう意味では寺院は文化センター、宗教センターであると同時に、当時のハイテクの殿堂であったといえます。

仏教寺院の造営というと、まず土地を造成し、木を伐り出して柱をつくり、あるいは瓦を焼いて屋根を葺くといった、これら各種の土木・建築工事には、渡来した人々の先進的な技術が駆使されたことと考えます。

布施の溜池と百済の碧骨堤

当時の先進的な土木技術を示す具体的な例として、この蒲生地域には非常に興味深いものが一つあります。それはレジュメに掲載した布施《ふせ》の溜池［図7、8］です。これは相当、広大な溜池であったと言われており、最近の研究では、どうやら石塔寺と同じ白鳳時代のころに溯るのではないかという説もあります。先進的な渡来技術によってお寺を建てるだけでなく、溜池をつくり、この地域の水田などを潤したのではないでしょうか。そのよう

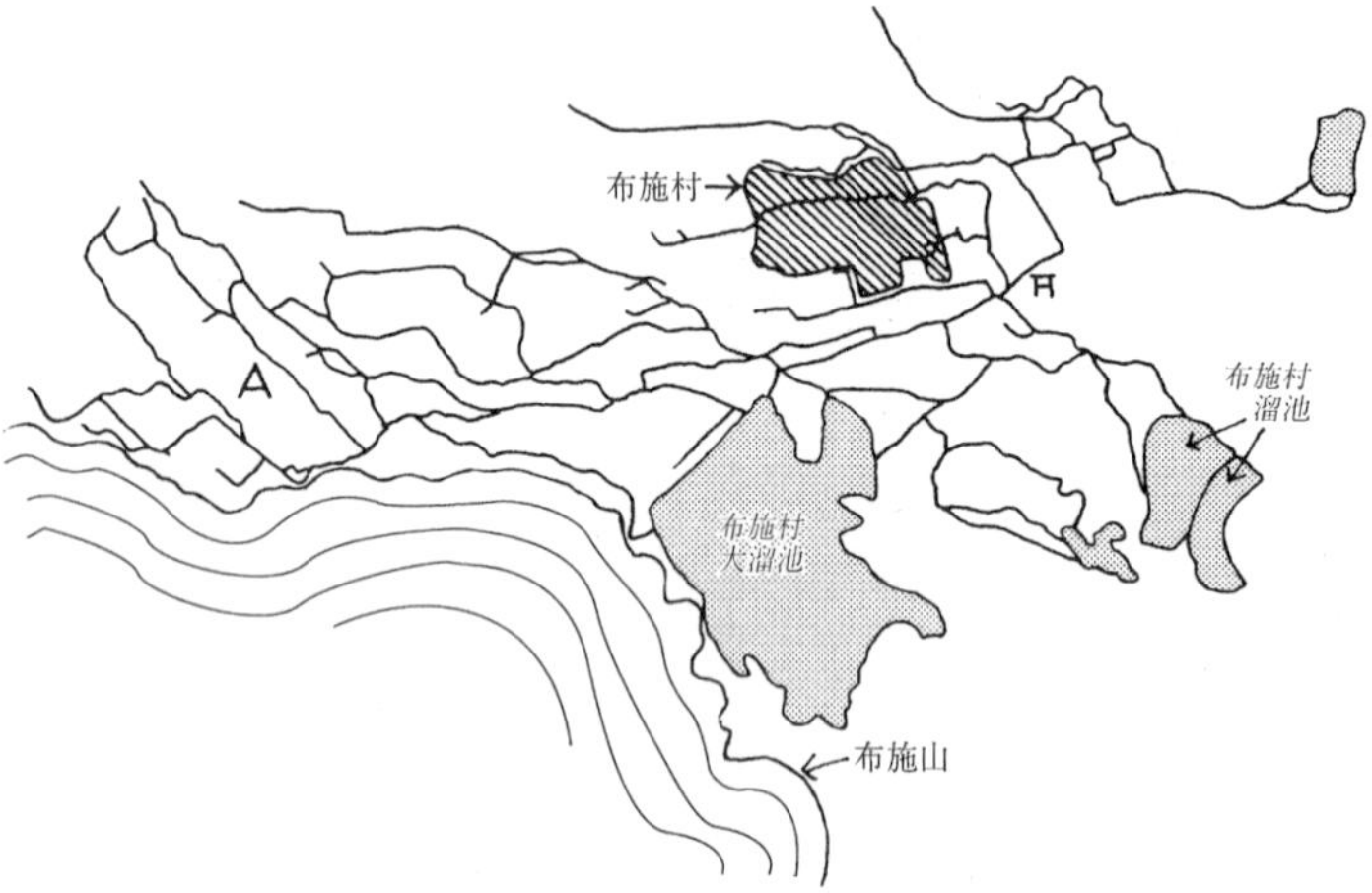

図7　元禄8年（1695）絵図に描かれた布施村の水路網（『八日市市史』第1巻）

図8　明治時代の地形図にみる布施溜池と周辺（『八日市市史』第1巻）

なことも考えてみたいところです。

私は「布施の溜池」というのは非常に重要だと思っております。最近、近畿地方では有名な狭山池《さやまいけ》の調査が行われて、現在、その博物館の建設が準備中なのですが、その際に注目されたのは、狭山池の土手をつくる際に一番基礎の部分にいろんな木の枝などを敷いているることでした。これを専門的には「敷粗朶《しきそだ》工法」と言い、土木技術の上では非常に有効な手段として、古代において中国、韓国、あるいは日本で用いられた方法です。

そして、百済の領内であった現在の全羅北道金堤《キムジェ》郡という所に碧骨堤《ピョッコルチェ》《へっこつてい》と呼ばれる堤が残っており、どうもそこに大きな溜池があったらしいと言われています。その堤の調査が行われたおりに、その土手の一番下のところに木の葉や枝を敷いた炭化層があることがわかり、これがまさに狭山池の起源になる土木技術ではないかと言われるようになりました。ですから布施の溜池の土手も、将来、発掘するようなことがあれば、恐らく碧骨堤や狭山池のような敷粗朶工法が認められるのではないかと推測することができます。

9、10 碧骨堤とはどんなものか、スライドをご覧ください。これは現在、三キロメートルほどが残っていますが、高さが約四・三メートルほどあります。本来は、堤全体が結ばれており、広大な溜池となっていたはずです。発掘後、保存・整備されており、一部には水門が残っています。

9　碧骨堤遠景

10　碧骨堤復元図

11、12 水門には高さが五・五メートル、一つが八トンもある非常に大きな石を用い、おそらく木の板を上げ下ろしして閉めたり開けたりしたのでしょう。発掘調査のおり、土手の一番下の部分に木の枝や葉を敷いた層があることがわかり、放射性炭素による年代測定が行われたところ、四世紀中ころという結果が出ました。この堤については、実は『三国史記《サムグクサギ》《さんごくしき》』という、日本でいえば『日本書紀』に相当する韓国古代に関する歴史書の中に「西暦三三〇年にあたる年に碧骨堤をつくった」とする記録があるのです。この文献記録と放射性炭素C14の測定結果からみて、これは四世紀代に築造されたものだろうと考えられています。

私が住む九州の場合でも、太宰府にある大野城という山城が参考になります。これは『日本書紀』の記録のとおり、百済人の技術者が指導してつくったと言われており、記録どおり百済式の山城が残っています。そのそばには水城《みずき》と呼ばれる、土手を築いて防衛線としたという遺構があり、その発掘調査で基底部に敷粗朶工法が見つかりました。山城並びにそれに関連する城壁についても、『日本書紀』の記録どおり、百済の技術が導入されているということが明らかになったのです。

須恵器とオンドルの登場

その他にも新しい技術や文化をもった人々が渡来して住んだ結果、いろんな影響をこの

11　碧骨堤水門

12　碧骨堤水門

地域にもたらしたと考えられます。いわゆる条里制として水田を整然と区画していくことなども、これらの土木技術によって展開されたのではないでしょうか。そして人々の生活様式においても、このころに大きな変化が現れてきます。

例として、すでに早くから始まっていたことですが、蒲生地域で申しますと、『日本書紀』垂仁天皇紀の中に、近江の鏡村に陶人《すえびと》がいて、かれらは天日槍《あめのひぼこ》の従人《つかいびと》であると見えます。レジュメに『日本書紀』の記録、並びに新羅の王子である天日槍がたどった道筋を示しました〔図9〕。当時の韓国から新しくやってきた王族の従者が鏡村の須恵器を焼いたという伝承をもっているわけです。それにふさわしく、この地域では鏡山に須恵器を焼いた窯跡が残っており、また当蒲生町内では宮川という集落に窯跡があることが知られています。それまでの軟らかい土師器に対して、硬い焼きの須恵器が登場してきたわけで、これは大きな変化の一つです。

もう一つの例として、オンドルの登場があります。蒲生町周辺でいうと、能登川町西ノ辻にある四世紀前半の遺跡で珍しい住居構造が見つかっています。縄文・弥生時代以来の竪穴式住居の場合、普通は炉《ろ》をつくっていますが、ここでは住居の壁ぎわに竈《かまど》をつくりつけていました。竈をつくりつける住居自体がこのころに始まったもので、四世紀前半というのは日本では非常に早い例です。それだけでなく、この遺跡では壁ぎわに竈の炎が通る

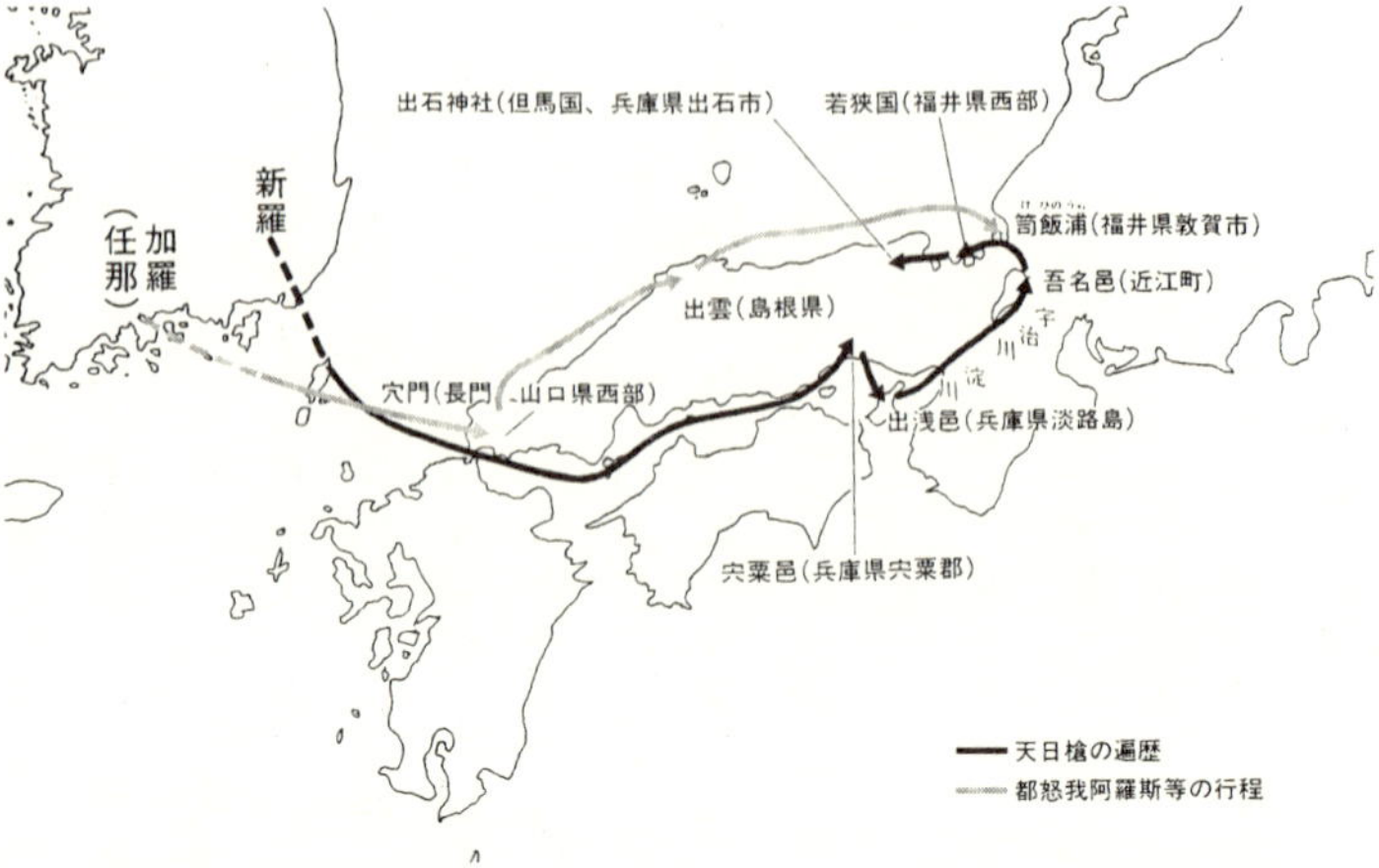

図9　天日槍《あめのひぼこ》と都怒我阿羅斯等《つぬがあらしと》の遍歴

天日槍と都怒我阿羅斯等の２人の『日本書紀』に記された遍歴地をつなぎあわせると、ほとんど西日本全体にわたる。２人に象徴される渡来人の足跡が、いかに広範なものであるかを知ることができる。

（図説『滋賀県の歴史』河出書房新社から）

道（煙道《えんどう》）があり、竈で煮炊きする火で屋内を暖房することができる非常に珍しい構造になっていたのです。

石塔寺の年代に近い例としては、隣の日野町の野田道遺跡では石で組んだ、まさに住居の床を走るオンドル状の遺構が見つかっています。そして、韓国では最近、これに類似した遺跡が次々と発見されており、これらのルーツが韓国にあるということがはっきりしてきました。

そういうわけで、百済の滅亡に伴って渡来人が移住してきて、この地域に新しい生活様式、新しい技術を伝えていたことが、その後の新しい仏教の発展に大きな礎となったのではないかと考えることができましょう。

朝鮮半島からの渡来人

以下の三名は、いずれも『日本書紀』に記されている朝鮮半島からの渡来人。前二者の場合、史実とはいえないが、渡来系氏族が移住していった経路が一個人の遍歴に加工され伝えられたものと考えられる。

都怒我阿羅斯等《つぬがあらしと》

加羅の王子とされる。垂仁天皇の徳を慕って日本に渡来したことになっている。まず、長門国に着き、日本海側を出雲国へ、最後に越前国に至った。

天日槍《あめのひぼこ》

新羅の王子とされる。宝物をもたらした功績によって垂仁天皇は宍粟邑《しさわ》と井浅邑《いでさの》（現・淡路島）を与えたが、全国を巡って気に入った所を賜りたいと申し出て、近江国吾名邑《あなの》（現・坂田郡近江町）にしばらく滞在。この際、従者の一部は鏡村（現・蒲生郡竜王町）に陶工として定住した。天日槍はさらに移動し、若狭国を経て但馬国で一生を終えたという。

鬼室集斯《きしつしゅうし》

百済から日本へ亡命した百済人の一人。百済復興運動の中心となった武将・鬼室福信の近親と考えられる。『日本書紀』天智天皇十年（六七一）正月条には学頭職《ふみのつかさのかみ》であったことが記されており、その学識を高くかわれて、朝廷に登用されたものらしい。

蒲生郡日野町小野《この》には、集斯を祀った鬼室神社がある。日野町は、鬼室集斯と縁戚関係にあると考えられる福信が韓国の忠清南道扶餘郡恩山面《ウンサンミョン》にある恩山別神堂に祀られていることから、姉妹都市として交流を行っている。

鬼室神社の本殿裏にある鬼室集斯の墓

溜池

狭山池

大阪府大阪狭山市にある灌漑《かんがい》用溜池で、推古二四年(六一六)頃の築造といい、日本最古の溜池の一つである。『古事記』垂仁天皇の条に「印色入日子命が狭山池を作る」、『日本書紀』崇神《すじん》天皇六十二年の条に詔として「狭山埴田の水少なく、池溝を開き、民業を広めよ」と記されている。また、狭山池の堤を始め、市内全域にはいくつもの須恵器の窯跡が確認されており、市域の西部を中心に須恵器の大生産地であったことがわかっている。古くは行基や重源といった有名な僧の手で、江戸時代には豊臣秀頼の命によってなど、幾度かの改修が行われてきた。

昭和六十三年から治水ダムとしての機能も持たせるため「平成の大改修」と称される工事が進められており、工事にともない、過去の改修跡や木製護岸や樋《ひ》とよばれる水を放流するための設備など歴史的遺物・遺構などが次々発見されている。現在の面積約三九・〇ヘクタール、周囲約三・四キロメートル。

狭山池

布施溜池

八日市市布施町（八日市市と蒲生町の境界近く）にある灌漑用溜池。古代、この地方を開拓した人々によって灌漑用につくられたとされる。『続日本紀《しょくにほんぎ》』の天平宝字八年（七六四）八月十四日条には「使を遣《つかわ》して池を大和、河内、山背《やましろ》、近江、丹波、播磨、讃岐等の国に築かしむ」とあり、延暦四年（七八五）に死んだ刑部卿淡海《おうみの》真人《まひと》三船《みふね》の卒伝には「（天平）宝字中に従五位下を授けられ、（中略）八年造池使《ぞうちし》に充てられ、近江国に往きて陂池《ひち》を修造す」と記されており、この池こそ布施溜池であろうとする見方がある。

平安時代（十一世紀）の『梁塵秘抄《りょうじんひしょう》』には、「近江におかしき歌枕、老曽《おいそ》轟《とどろき》蒲生野布施の池（以下略）」とあり、当時広く知られる存在になっていたことがわかる。

『八日市市史』では、明治時代の地形図や空中写真などから、もともとは現在（市史執筆時、約一二・四ヘクタール）の二〜三倍の水域面積があったと推測している。現在は水域面積がさらに減少して約七・五ヘクタール。平成五年、北側に芝生広場や遊戯施設も備えた公園が設けられ、冬季に渡来する水鳥や昆虫、四季折々の植物などが観察できる。

布施溜池

須恵器

古墳時代前期の土器は、弥生時代から引き継がれた土師器《はじき》が広く使われたが、五世紀中頃には新たに朝鮮半島(伽耶・新羅地域)から技術がもたらされた須恵器《すえき》が近畿を中心に生産されるようになった。土師器に比べ、硬く水漏《も》れもしにくいという特長をもっていたため、貯蔵具などに需要があったものと考えられるが、その普及は古墳築造の増加とも関連している(後述)。

土師器の場合は野焼きする簡易な焼き方であったが(そのため窯跡などが発見されない)、須恵器では一一〇〇度前後の高温で焼成できる登り窯を丘陵地に設けた。滋賀県内で発見された生産地(古窯跡)としては、甲賀郡水口町泉古窯跡群(五世紀末)、年代が下って大津市真野沢組古窯跡群(六世紀前半)、続く六世紀後半のものとして蒲生町の辻岡山古窯跡群、竜王町鏡谷古窯跡群、同町八重谷古窯跡群、野洲町夕日ヶ丘古窯跡群などがある。

昭和五十年に発見された辻岡山古窯跡群では、南北に長い丘陵である辻岡山一帯の数カ所で窯跡を示す炭や灰、坏身《つきみ》、坏蓋、壺などが出土している。竜王町から野洲町にかけて鏡山山麓の数十カ所におよぶ鏡谷古窯跡群は、朝鮮半島から渡来した技術者集団の存在を考えるうえで特に注目される。『日本書紀』垂仁《すいにん》天皇三年条に、天日槍《あめのひぼこ》の伝承として「近江国の鏡村の谷《はざま》の陶人《すえびと》は、天日槍《あめひほこ》の従人なり」と記されている。

古窯跡群が発見された鏡山の山裾には北に大字「鏡」、東に大字「須恵」の地名が今も残っており、日本書紀にいう陶人が定着した地域と考えられる(須恵には「狭間《はざま》」という小字地名も残っている)。

蒲生町も含め、古墳時代後期に築造された群集墳には多量の須恵器が副葬されている。これらは須恵器生産の源である伽耶・新羅地域にもみられる風習で、被葬者が黄泉《よみ》の国で使う食器と考えられていた。副葬品としてのピークは六世紀後半で、実用性を無視してさまざまな装飾を施した形態の脚付壺などがつくられた。

これが七世紀になると日常用品の生産に変化し、同地で瓦の生産も行う例も見られるようになる。辻岡山古窯跡群では、七世紀後半から八世紀にかけて宮井廃寺の瓦を生産した古窯跡も見つかっており、時代の推移によって、群集墳のための須恵器生産から、寺院建立のための瓦生産へと移行したものと考えられる。

辻岡山瓦窯跡(2号窯)。約30度の斜面に築かれた登り窯で、焚き口付近から多量の瓦や須恵器が出土している

オンドル

朝鮮固有の暖房施設で、床下に煙が通る道を設け、竈《かまど》からの燃焼空気を通して室内を暖めるしくみ。漢字では「温突」。床暖房で暖房効果がよく、炊事と暖房が兼用できるため、現在でも朝鮮半島の北緯四〇度以北では使用されている。

紀元前四世紀末から三世紀初めのものとされる清川江流域の細竹里遺跡の住居跡には、すでに備えられていた。その後、高句麗に受け継がれ、三国時代の高句麗について記述した文献には、一般民衆の家でも冬には盛んにオンドルを焚いて暖をとっていたと紹介されている。滋賀県内では、大津市の穴太《あのう》遺跡(七世紀前半)から、石組みでS字型の煙道を築いたオンドルとみられる遺構が出土。また日野町寺尻の野田道《のだみち》遺跡(八世紀初め)の竪穴住居跡の一つには、石組みの煙道が設けられておりオンドルとみられる。

シンポジウム

テーマ「石塔寺三重石塔のルーツを探る」

パネリスト

鄭　永　鎬
申　光　燮
西谷　　正
兼康　保明

コーディネーター

小笠原好彦

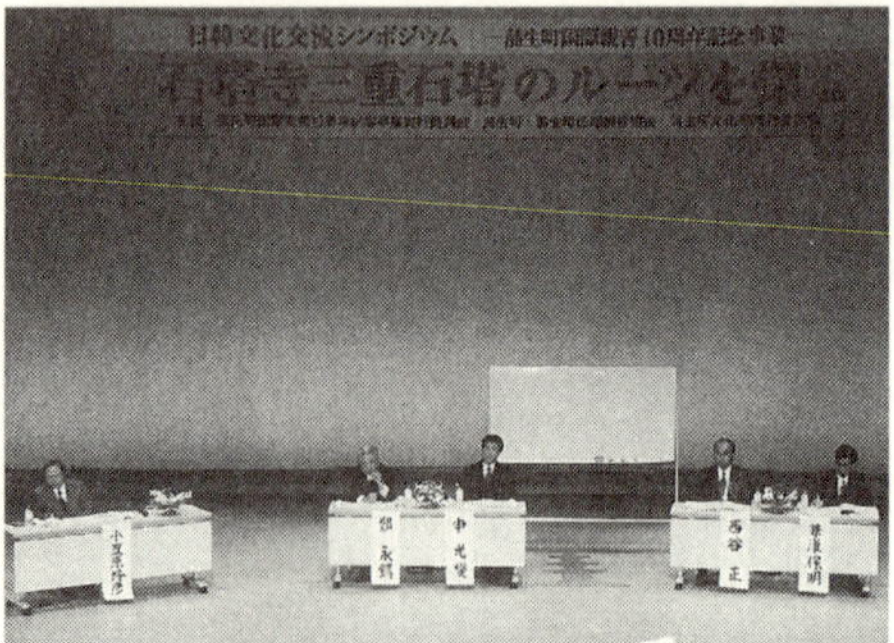

小笠原　ただいまから、この蒲生町にある石塔寺の石塔をめぐりまして、その性格を明らかにしていきたいと思います。先ほど、お昼にご質問の用紙をお出しいただいたところ、非常にたくさんのご質問がございました。しかも、その内容は、実は私が本日それぞれの

パネリストの方にお尋ねしたいと考えていたことが大半含まれております。したがいまして、その会場からお出しいただきました質問の内容も紹介しながら進めさせていただきたいと思います。

各部の名称について

小笠原　まず、会場の方々とパネリストの方と共通の前提としまして、石塔の構造を、ここのところはこういうふうに呼ぶという用語を少し整理しておきたいと思います。兼康先生の資料の図［次ページ参照］を参考にしながら、共通に用いる用語を解説していただきたいと思います。

小笠原好彦氏

兼康　それでは用語について説明していきます。ただ、今回のレジュメを読んでいただきますと、韓国の石塔で使われている用語と、日本の石塔で使っている用語とではちょっと違いがあります。それと、これは非常に大きな問題になるのですが、日本にある石塔の場合、主に中世、十三

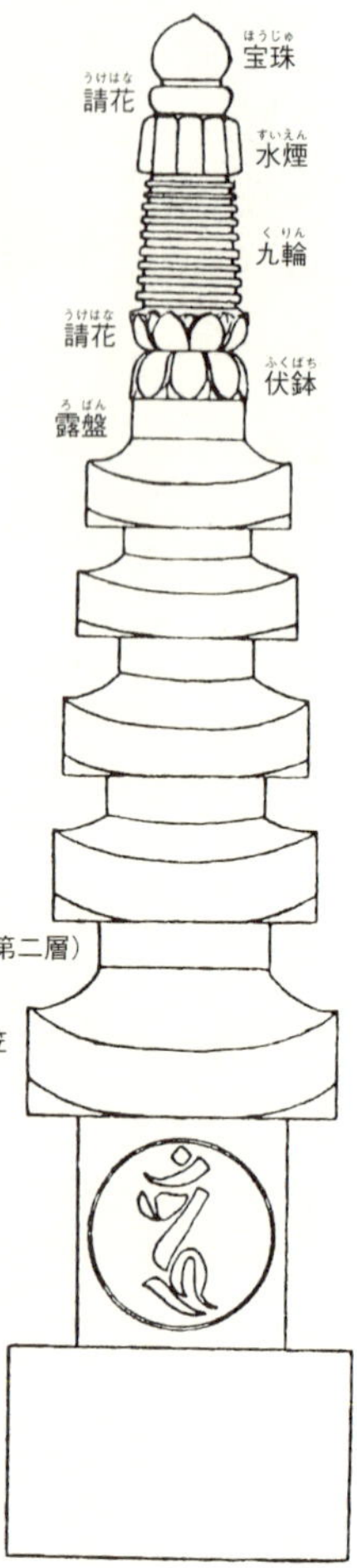

図1　層塔の各部の名称

世紀以後のものが中心であるのに対し、韓国の方で今回ご提示いただいた資料はそれ以前のものを扱っておりますので、必ずしも用語がうまく噛み合うかどうかわかりません。日本の中世の石塔としてはこういう言い方をしているということでご理解いただければ幸いかと思います。

まず、一番下にある四角い台のようなものを「基礎《きそ》」と呼んでおります。ただし、この基礎ですが、本日スライドで見た韓国の塔や石塔寺の三重塔の場合、この基礎というものがありません。ですから、そのあたりの呼び方はちょ

兼康　保明氏

っと混乱するかも知れませんが、こういうふうに四角い台のあるものについては「基礎」と呼びます。その上に乗っている部分、これを普通、初層の軸部とか呼んでいますが、ここでは、よくわかるように「塔身《とうしん》」という言い方をしておきます。その上にある屋根の部分、これを「笠《かさ》」という言い方をしておきます。

その次に、笠と笠の間、中世のものではそこが非常に短いのですが、石塔寺の三重の塔の場合はここの間が非常に長くなっています。ここでは一応、「軸部《じくぶ》」という言い方をしておきます。最後に、順番に笠がずっと重なって行きまして、石塔寺の場合はその上がないのですが、そこから上に乗っている部分が「相輪《そうりん》」です。

小笠原　ありがとうございました。下のところを、韓国では「基壇」と呼んでおられます。「笠」についても、「屋蓋《おくがい》」など、いろいろな呼び名があります。この場ではわかりやすく図に示した用語を用いて、これからあと話を進めさせていただきます。

百済から高麗までの石塔建立の歴史

小笠原　午前中には、鄭先生に百済の石塔を紹介していただきましたが、このシンポジ

鄭　永　鎬氏

ウムにあたりまして、少しだけ、百済地域の石塔の歴史を、百済の時代から高麗のところまで簡単に要約していただきたいと思います。鄭先生、よろしくお願いします。

鄭　先にも申し上げたとおり、いま韓国に残っている百済時代の石塔は、たった二つであり、その一つが弥勒寺《ミルクサ》の石塔です。これは大きな石塔で、年代にすれば七世紀の初めと考えています。もう一つの百済時代の石塔は、扶餘《プヨ》に残っている定林寺《チョンニムサ》の五重の塔です。

百済という国は、六六〇年に新羅によって滅亡しました。そこで、百済の領土は、以後、統一新羅になりました。しかし、百済の領土に統一新羅の石塔が一点もないということはないです。でも、三国時代、すなわち高句麗・百済・新羅の時代、新羅の領土だったところは統一新羅になって、もちろん新羅時代の様式そのものの石塔が建立されました。ただし百済だった地域には石塔は本当に稀です。百済の移民たちがどういう気持ちだったか、わかりませんけれども。

それが高麗時代になると、その地域に新羅時代の様式そのものの系統がそのまま石塔として建立されたのですが、百済地域には、やはり百済的な、先ほどスライドをご覧になったように、立派な百済の様式を持っている石塔が建立されました。

それはどういう理由か。それは、私がこの何十年間いろいろと歴史的に調べて考えてみてわかったのですが、韓国の国民の仏教そのものに対するとらえ方が変化したということです。新羅という国にあった仏教は、王様を中心とした貴族たちのものだったのです。それが高麗時代になると、庶民的な仏教になります。韓国の場合は中国(唐の時代)から九世紀初めごろ、また半ばごろにわたって、中国の達磨大師《だるまたいし》から興った禅宗が入ります。慶州《キョンジュ》を中心として、各地方に九カ所の禅宗を中心とした大きな寺院が建てられました。その後、高麗初期までに、それが全国的に庶民的な仏教に変わったんです。ですから、高麗時代の国民たちは皆、仏教々々と言って、もう田舎まで信仰する様式が新しくでき上がったのです。そういう歴史的な背景において、高麗時代には庶民の誰もが仏教的な文化や美術を昔のものを模範としてつくった。誰でもがつくることができたから数も増えた。理由として、そういうふうに考えられるのではないかと思っています。

日本の石塔の歴史

小笠原　つぎは日本の石塔の歴史を、兼康先生に簡単にご説明いただきたいと思います。

兼康　日本の石塔の場合ですけれども、今回は「層塔《そうとう》」と呼ばれる三重、五重という塔に限ってのみお話しします。

日本の塔の場合、ちょうど鎌倉時代の中ごろとされますが、その時期の前と後で、造り方というか、形が非常に変わりました。層塔という形式は、日本では非常に早くから出てくるもので、蒲生町にございます石塔寺の三重塔を最古とすれば、それから始まり、奈良時代、平安時代、そして鎌倉の初めと続いて行きます。そのころまでの石塔はすべて個性的な石塔でした。

平安時代までの石塔は、石塔寺の三重塔を別にすると、ほとんどが凝灰岩《ぎょうかいがん》という非常に軟らかい石でつくられています。これが鎌倉時代中期を過ぎると、花崗岩《かこうがん》という非常に硬い石が使われるようになり、形も一定のルールに則って作られるようになります。むろん九州へ行けば九州独特の形といったものはありますが、だいたい近畿ではすべて同じような形になってきます。

こうした流れのなかから見ると、石塔寺の三重塔というのはどこにも属さない、非常に特長的な石塔であると言えると思います。

各部の類似点と相違点

小笠原　さて、石塔寺の石塔には、いろんな問題がございますが、来場者からのご質問のなかに「石塔寺の石塔と百済の石塔について類似点を要約してほしい」というものがありました。これは同時に「相違点」を明らかにすることではないかと思います。全く同じということであれば特に問題はありませんが、先ほど鄭先生の講演で拝見したスライドのとおり、いろんな点で共通しておりますが、異なるところもいろいろみられます。そこで、基礎から一つずつ、類似点と相違点を兼康先生と鄭先生にお話していただきたいと思います。

兼康　そうですね、基礎の部分は、まだ中世の、層塔で言う四角い台のようになった状態にまではいっていません。平べったい状態であるというところは非常によく似ています。

小笠原　石塔寺の石塔は、実はもともとは現在のような状態であったわけではなく、古く藤澤一夫先生、坪井良平先生たちが『考古学』という雑誌に書かれておりますように、土の三段の状態の基礎があったということです。しかし、かつてどういう基礎だったかというのは、もう一つはっきりしておりません。

百済の石塔の基礎の共通した特徴について、鄭先生、もう一度ご確認をお願いします。

鄭　石塔寺の三重の塔は基礎の部分に平たい石が一つあります。ここでは「基礎」と呼ぶことになった部分です。それより百済と全く同じ点は、その周囲にある平たい塔区です。あれを韓国では塔区《タックウ》と言うのですが、扶餘の定林寺の底の周辺に平たい塔区があり、それは全く同じ様式です。

小笠原　次は「塔身」の部分について、兼康先生、簡単にお願いします。

兼康　塔身については、軸部が非常に背が高いというところがよく似ていると思います。ただし、定林寺の塔と比べると、一番下の塔身(初層)の部分だけ、背の高いところが似ているということです。

小笠原　いまの兼康先生の回答は非常に重要な問題を含んでおります。石塔寺の場合は、レジュメの図をご覧になってもそうですが、定林寺の五層の石塔［119・131ページ］と比較してみてください。初層のところの塔身が非常に高くなっています。ところが、石塔寺は三層とも非常に高い形態をとっています。そこで共通している点と、違う点があるのです。鄭先生、塔身について、何か補足することはございますか。

鄭　扶餘の定林寺の五重の塔では、一層は高いけれども、二、三、四、五になると同じぐらいで低くて、長蝦里の三重の石塔ではその比定は同じです。石塔寺の三重石塔と比較すると同じです。

小笠原　いま鄭先生がお話しされましたように、両方とも非常に背の高い塔身を持つ点で長蝦里と石塔寺の三重の塔はよく似ているというお話がございました。それは後でまた重要な年代の問題とも絡んでくると思います。ここは先に進めさせていただいて、鄭先生から、定林寺の「笠」の部分の特徴をご説明ください。

鄭　笠の部分は、地域の問題がありまして、扶餘の定林寺から長蝦里はすぐ近いところにありますから、それを見て真似《まね》て同じようにつくることはできたでしょう。ですが、この石塔寺の三重の石塔は、そばに似た見本となるものがあってつくられた石塔ではありません。これが平たい、そしてまた薄くなったと、そういう点でこれを見なければいけません。笠の下に一段、二段の支えている、また上で押さえている段があるのに、石塔寺の塔には段がない、だからこれは全く違うものだとかいうふうには私は思っていません。

小笠原　ありがとうございました。それでは兼康先生、石塔寺の笠の特徴を、少し補足をお願いします。

兼康　笠の特徴は、屋根の勾配が非常に緩《ゆる》いということが韓国の石塔と非常に似通って

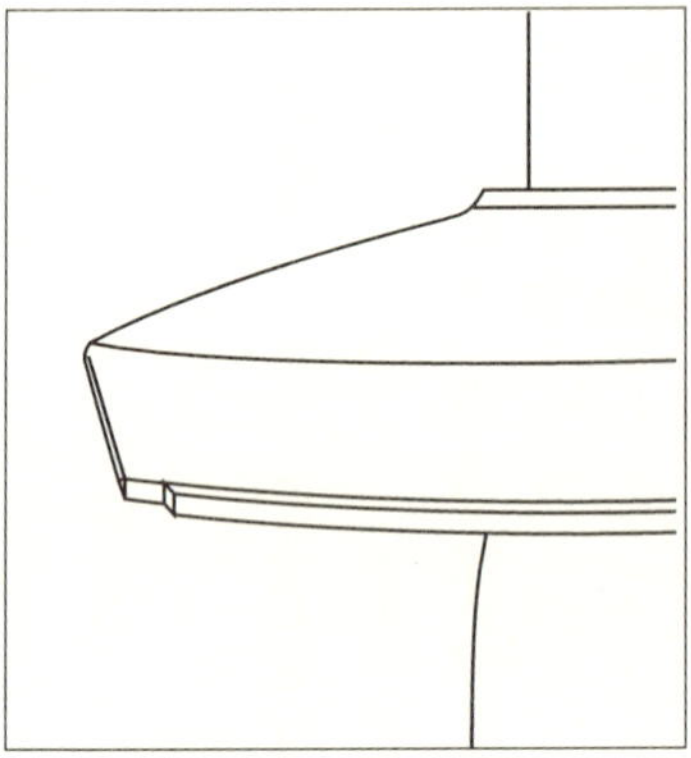

図２　石塔寺三重石塔の笠

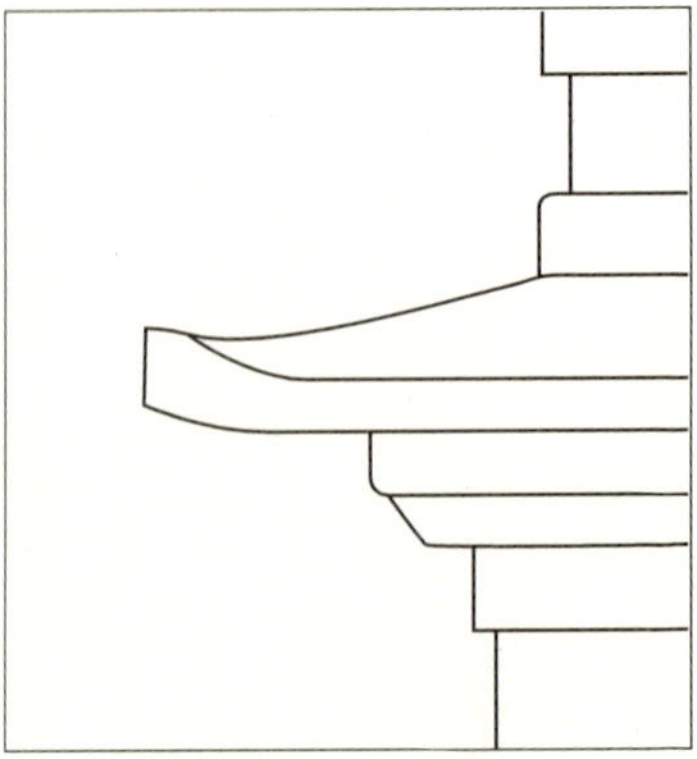

図３　長蝦里三重石塔の笠

いると思います。そして、これは石塔寺の三重塔が非常に古いという点で重要なことだと思うのですが、相違点が非常に顕著に出ているのが笠根の反《そ》りですね。韓国の石塔の笠根の反り方に対して日本の場合は、「むくり」と言いまして、反対に膨れているんです。この部分が、一つ大きな問題を含んでいるのではないかなと思います。

小笠原　日本の石塔寺の石塔は、いま兼康先生がおっしゃったように非常に厚手で、むくり状になっている。それに対して、百済の石塔の場合は、薄手で平たい板石を使っている。そのへんのところに、かなり大きな違いと言えば違いがございます。

さて、そこまでのところで西谷先生、いま兼康先生と鄭先生が述べられたことで、何か特に補足するようなことがございましたら。

西谷　午前中の鄭先生のお話で、百済で数少ない

西谷　正氏

弥勒寺の塔が出てきましたが、あれは木造の塔を石でつくったような感じで、木造の姿が非常によく表面に出ています。そういう意味では、定林寺にしろ、長蝦里にしても、木造の材を組み合わせたような感じの姿を呈しています。その点、石塔寺の場合は最初から石塔が念頭にあって、それをつくったという感じがします。そういう点で違いが出てきているのではないかと思うのですが、三重の各塔身、軸部が、それぞれ非常に縦長であるということと、したがって全体のプロポーション等、共通点があるということです。モデルになったものが木造かどうかというところで、このような違いが出ているのではないかと思います。

小笠原　もう一度、定林寺と長蝦里の石塔と石塔寺の石塔、その実測図を比較してみますと、この塔身の部分と、それから笠の、移るところの構造が石塔寺の場合は非常にシンプルになっていますね。そこのところに、共通しながら、なおかつ大きな違いが見られます。

会場から、「石塔寺の石塔の断面は一体どんなふうになっているのか、この実測図だけでは必ずしもよくわからないので、そこを補足してほしい」というご意見が出ています。そこで、この笠と塔身の部分がどんなふうになっているか、断面を簡単に板書《ばんしょ》していただ

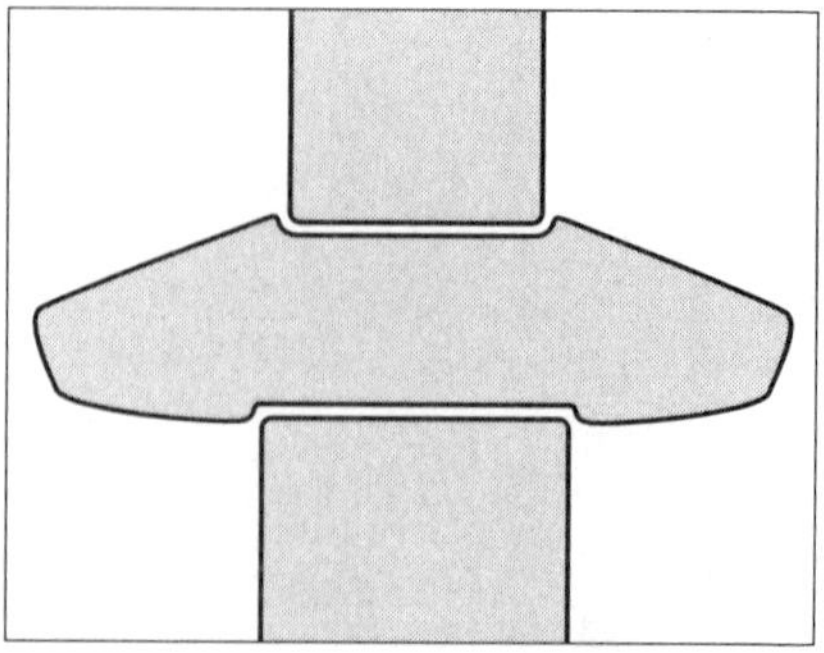

図4　石塔寺三重石塔の断面（笠と塔身の接合部分）

きたいと思います。

（兼康氏が断面図を黒板に図示する。図4参照）

兼康　このように、笠のところに塔身がくるわけですが、ここが動かないように中へ、わずかですけれども、はめ込むようになっているんです。ところが日本の中世の石塔では、塔身を別に造る場合、これはこういうふうに乗ってるだけなんです。多少の揺れがきても動かないようにはめ込んでいる点は石塔寺の三重の塔の特徴だと思います。

小笠原　いま兼康先生のほうから、現地に行っても外からはわからない部分について図を書いて解説していただきました。あそこのところにくり込みがあります。そのため、少しぐらいの風では塔身の部分がずれたり落ちたりしないような構造になっているとのことです。では、定林寺や長蝦里の場合は塔身と笠の乗り方はどんなふうでしょうか。鄭先生。

鄭　こういうふうにはめ込むというか、そういう様式ではありません。

小笠原　とすると、板状の石が素直に乗っているということでしょうか。

鄭　基壇部分を見たら、はめ込むようになっていますけれども、その塔身に登れば、あいう形ではないですね。

小笠原　いま鄭先生のほうから、百済の石塔の場合は、兼康先生がいま黒板に書かれたように、くり込みがあって、そこに乗るんじゃなくて、板状のものが素直にずっと乗ってて、それで笠を形成し、また塔身を形成しているということで、その点で構造上の違いが見られるということが明らかになりました。

もう一つ、兼康先生、質問の中に、「三層の石塔なのか、五層の石塔なのか、図で示してでも、それをまず決定してもらえないか」というものがありました。お答えを願います。

兼康　坪井良平先生と藤澤一夫先生がお書きになった実測図を基に、軒の端のところを結ぶ線を、斜めになりますけれども、ずーっと引いて行くと、その延長線上に相輪を建てれば、ぴったりとおさまります。ですから、実測図の上から考えれば、これは三層でいいのではないかと見ています。

石塔内に納められる舎利容器について

小笠原　そういうわけで、石塔寺の石塔は共通しているところと違いがはっきりとございます。これらは、塔の性格や年代などいろんなことに関わってくると思いますので、さらに深めていく形にしたいと思います。これまで石塔寺の石塔については多くの研究があります。後ほど兼康先生に幾つか学説を簡単に紹介していただきますが、その前に、三層石塔の舎利容器に関連して申先生にご説明いただきたいと思います。石塔の年代を考える際の一つのよりどころとなるのは、石塔に埋納されている舎利容器です。

申　私は日本語が下手ですから、韓国語で紹介します(以下、鄭氏が訳す)。

この扶餘の長蝦里三層の石塔を理解するためには、その石塔の位置が問題になります。扶餘から本当に近いところに位置しているのです。百済が滅んだ後に高麗時代になって、百済的な様式を持っている石塔があちらこちらに建立されたわけですが、その中でも扶餘に一番近い所、すなわち定林寺の五重の塔に一番近い所にある百済系統の石塔がこの長蝦里なのです。そして、その長蝦里周辺では統一新羅時代のいろいろな遺物や遺跡が発見されています。将来、長蝦里を発掘したら、もっと多くの統一新羅時代の遺跡や遺物が発掘されるのではないか。そういう希望を持っています。
一つの例をお話すると、現在、長蝦里のすぐそばに仁川《インチョン》という所があり、百済時代の大きな山城が残っています。その城は百済時代、続く統一新羅、さらに高麗時代までずっと何百年間も使用され続け、活躍した山城です。そのことから昔は仁川の辺りが扶餘の中心地域ではなかったかという推測しています。長蝦里にあった寺院より、もっと前のハンザン寺という寺院があって、そのお寺もやはり仁川が中心になっていました。

長蝦里三層の石塔の年代については、高麗初期ころだろうと思います。石塔の中から発見される舎利容器は、石塔の建設時期を推定するうえで重要なものなわけですが、この長蝦里三層の石塔では一九三〇年代に基礎の部分から、一九六〇年代に塔身の部分からの二度、舎利容器が発見されました［54ページ参照］。ここに写っている、大きい舎利容器は銀でつくったもので、その表面に施されたいろいろな模様、形から推定して、十世紀ころまでのものではないか。そして下の写真の仏像と三つの塔。これは木製の小さな塔ですが、年代は十二世紀のものらしい。それぞれ別の時代のもののようなのです。この問題は、もう一度研究しなければならないと考えています。

申　光　燮氏

私は、ふるさとが扶餘であり、長い間、扶餘国立博物館長を務めてまいりました。ですから、長蝦里三層の石塔については、その周辺を何十回となく調査していますが、発掘調査はまだまだできていない状態です。その周辺で拾ったたくさんの瓦を調べてみると、年代は新羅時代、高麗の初期に溯ります。

小笠原 ありがとうございました。ちょっと補足いたしますと、十世紀代だろうと述べられた銀製の壺の表面をよく見ると、「魚子《ななこ》」と呼ばれる点のようなものが一列に並んでいます。これとよく類似した技法を持つものが、王宮里《ワングンニ》の五層の石塔〔120ページ参照〕からも出土しています。申先生、この王宮里の石塔はいつごろのものなのでしょうか。

申 王宮里と周辺の発掘調査は、扶餘の国立文化財研究所が行い、ほぼ終わっています。そこで発掘された瓦などの遺物を比較してみますと、やはり統一新羅末期です。けれども、この王宮里の五重の塔そのものの様式はやはり百済的なもので、高麗初期の建立ではないかと思います。ですから、舎利容器の形にも共通する部分があります。

小笠原 何度か出てまいりました高麗王朝について、鄭先生、少しご説明いただけますか。

鄭 韓国の歴史は、先ほど申し上げたとおりに三国時代があって、これは紀元前から始まりました。高句麗が紀元前三七年で、百済が紀元前一八年、そして新羅が紀元前五七年に誕生し、新羅が韓半島(朝鮮半島)を統一し、百済が滅びたのが六六〇年です。その後六六七年、高句麗が滅ぶのですが、以後も唐の勢力が韓半島にそのまま残りました。新羅と唐の勢力との戦争は本当に凄惨《せいさん》なものだったのです。ようやく六八〇年に至って唐の勢力は完全に撤退し、それから統一新羅という時代が始まります。この統一新羅は約二五〇年間続きます。そして、三国時代の高句麗の遺民が六九八年に中国東北部に震国を建て、その後国名を渤海《ぼっかい》と改めます。

また、開城《ケソン》地方の王建が、九一八年に高麗を建国しますが、これは高句麗の後継であることを自認して、高麗と称したのです。

それで高麗という国は九一八年に興り、新羅が完全に滅亡したのが九三五年。つまり韓半島が完全に高麗時代に入ったのは九三五年です。そして約四七五年間、ずっと続いたのです。その後、一三九二年に李朝時代と呼ばれた朝鮮時代が始まります。その約二〇〇年後、一五九二年に慶長の役があって、その後、一九一〇年には日本の植民地となる。これが韓半島の歴史です。高麗は、この中で一つの王朝として約五〇〇年間続いた国なわけです。

小笠原　いま、鄭先生にお話していただきましたように、九一八年に高麗は興り、九三五年の新羅滅亡の後、ずっと統一されて一三九二年まで、つまり十世紀の初めから十四世紀の終わりまでが高麗の時代だったことになります。これが高麗の、今回扱う石塔に関わる年代ということになります。

埋納品を根拠にできるか？

兼康　ここで一つ、石塔を研究している者として、どうしても韓国の先生方に私は確かめたい問題があるんです。長蝦里の三重塔の年代決定は、その中から出てきた舎利容器によって決められています。しかし、日本の石塔の場合、往々にして石塔が倒れたりすると、その中に入っていたものをまた改めて、倒れてしまった後の時代の容器の中へ入れて納め直したりすることがあります。最近の例をあげると、甲賀郡甲南町の正福寺にある十四世紀─南北朝時代の宝篋印塔《ほうきょういんとう》を解体したところ、下から江戸時代の一字一石経が出たといったことがありました。また、阪神大震災の際に、神戸市兵庫区の真光寺にある一遍上人廟《いっぺんしょうにんびょう》とされる鎌倉時代後期─十三世紀後半の五輪塔が倒れ、中から納骨器《のうこつき》が出てきたのですが、納められていた土器は室町時代後期─十六世紀の備前焼の土器だったという例もあります。ですから、日本では、塔の中から出てくるものが必ずしも塔の年代を決定するのではないということが往々にしてあるのですが、そのあたりは韓国ではいかがなのでしょうか。

申　韓国の例をあげますと、全羅南道求礼《クレ》郡にある華厳寺《ファオムサ》という寺院の東に五重の石塔があって、その基礎部分がちょっと壊れて傾いたため、解体してみたら、舎利容器が発見されました。その年代からみても、この石塔はやはり統一新羅時代の石塔だったとされました。この場合、舎利容器の様式がもちろん第一の問題で、これは統一新羅時代の金銅仏《こんどうぶつ》立像だった。ただし、残っていたのは立っていた立像の下の台座だけでした。この石塔は一九三〇年代に一度解体されており、その時に誰かが金銅仏を盗んでいったのです。盗んだ人はどういう人か、考えてみたらわかると思いますが。台座だけでも、それは統一新羅時代のものと確認できました。

また別の石塔の場合、高麗時代に建立され、また高麗時代に解体したようです。その理由は、高麗時代の金銅仏の九・五センチメートルの光背《こうはい》が残っていました。そこの金銅仏はもちろん立像だったのですが、これもなくなっており、おそらく盗まれたのでしょう。そして、朝鮮時代にまたそれを解体した。というのは、そこに何百名という和尚さんたちの名前を書き連ねた四枚の文書が入っており、一番最後に、有名な和尚さんの名前があったんです。この名前は一六三七年です。

だから、みんな、もと新羅のものを高麗時代になってまた入れて、ずっと保管したのですが、一二〇〇年以上も経過すると、舎利容器自体が酸化してみんな腐ってしまいます。これを防ぐために科学的に保存する処置をしました。私が遺物管理部長を務めている国立中央博物館で保存しています。

建造年代はいつなのか？

小笠原　それでは少し話を前へ進めさせていただきますと、今回の大きな課題の一つに、石塔寺の石塔はいったいいつごろの時代のものかということがあります。「何年なのか、ズバリ答えてください」という会場からの強い要望がございます。しかし、これはなかなか、ズバリとはまいりません。そこで、最後の結論はどうなるかわかりませんが、まずは現在までの研究の経緯を簡単に兼康先生にご説明いただきます。

兼康　建立された年代には、大きく二つの説があります。その中で最も重要だと思われる研究を二つ紹介したいと思います。

まず一つ目は、坪井良平先生と藤澤一夫先生が昭和十二年（一九三七）に『考古学』という雑誌にお書きになった「近江石塔寺の阿育王塔」という論文です。初めて石塔寺の三重塔の年代について触れられた論文で、韓国にある定林寺の塔との比較から、奈良時代前期（現在の美術史の区分で言えば白鳳時代）、つまり七世紀後半から八世紀初めぐらいまでではないかという説が出されており、これが長く定説のような形でずっと続いてきました。

それから、もう一つは、野村隆さんが昭和六十年（一九八五）に『史迹と美術』という雑誌の五五八号にお書きになった「近江石塔寺三重石塔の造立年代」という研究論文です。ここで初めて長蝦里の三重塔との比較検討が行われています。この野村さんの論文は研究史を非常に丁寧に整理されており、淡々と結果を積み重ねて、そして論証されております。私は非常に優れた論文だと思っています。ここでの結論は、長蝦里の三重塔が高麗時代のものであるという前提に立つならば、これは十世紀初めころ、つまり平安時代のものではないかとしています。藤澤・坪井両先生による研究のころにも平安時代説があったのですが、半世紀ぶりに平安時代説が再度浮上してきた。もちろん単なるイメージとしての平安時代説ではなくて、具体的に韓国の石塔との比較によってお出しになられたものです。

この二つの論文以外にも多くの先駆的な研究がありますが、重要な年代論を出された研究としてこの二つをあげておきます。

小笠原　いまのお話のように、石塔寺の石塔ができたのは平安時代という説が昭和初期にありました。それは、発見されたのが寛弘年間であることなどによります。ところが、昭和十二年に坪井良平先生、藤澤一夫先生らが雑誌『考古学』に実測図を掲載しながら、それぞれ丹念にいろいろと検討したところ、どうも平安説というのはとれない。ではいつかというと、ズバリとは言えないが、奈良前期と考えるのが穏当であると。そうすると、ここには百済から渡ってきた人々のことを記した『日本書紀』の記録も関連してくるのではないかと書かれています。

もう一つ、兼康先生のお話に加えますと、野村隆さんの論文では長蝦里の石塔との比較によって多くの類似点があるということを強調されています。しかし、同時に野村さんも書かれているのですが、違いもあるわけです。長蝦里と全く同じであれば問題はないのですが。

それでは、建造年代に関してパネリストの方々はどう考えるか、お尋ねしたいと思います。これは舞台の裏では全然話し合いはしておりません。まず西谷先生、どんなふうに考えられるか、お話しください。

西谷 結論から申しまして、私は七世紀後半、白鳳時代説を支持したいと思います。石塔寺と長蝦里の類似性についていえば、二つのもと、つまり根は一つなのだと考えます。後世の高麗時代になって百済的な形でつくられたのが長蝦里、一方は、その当時、日本列島でつくられたのが石塔寺でしょう。根は一緒なのですが、枝分かれして、時代も多少ずれています。そのために相違点も出てきているのだと思います。理由としては日本の石塔の歴史に関して、先ほど兼康先生からご説明があった、日本の石塔の流れからいっても、これは特異な存在であり、古いものと位置づけた方が落ちつきがいいように思うのです。また、研究史の中でも触れられたように、『日本書紀』の天智天皇の記事とあわせて理解すればいいのではないかと思います。

小笠原　続いて鄭先生、率直なご意見をお願いします。

鄭　先ほども申し上げたとおり、一九八二年に初めて石塔寺に来て拝見したときに「これはやはり奈良時代の建立だな」と思いました。いまも変わっておりません。それはいろいろな理由があります。白鳳時代と平安時代ではギャップが何百年とあります。平安時代のこの地の住民であれば、当時一般の塔はどういう形であるか、頭に入っていたはずです。私は実際に踏査しましたが、琵琶湖東部には、西明寺、金剛輪寺、百済寺といった寺院があります。そして大津市歴史博物館が開館された際にお招きいただいたのですが、館のすぐ前の道路にオンドルの遺構が移築されているのです。あれはどう考えても韓国のオンドルです。日本の気候ではオンドルは必要ありません。ついでにいえばロシアのハバロフスク、ノボシビルスク、ウラジオストックなどの周辺、また、昔の満州にあたる中国の東北三省、黒竜江省周辺で発見されたオンドルの遺跡も見ましたが、これらもすべて高句麗と渤海と韓国のオンドルだと。

また、百済寺を、いま先生方は「クダラジ」、または「ヒャクサイジ」と発音していますけれども、百済(クダラ)というのは歴史的な用語です。奈良も歴史的な地名ですから、それを「ナリョウ」と言う必要がないのと同様に、百済寺(クダラジ)を「ヒャクサイジ」という言う必要はありません。そうでしょう? われわれは歴史を知らなければ。

そういう意味において、いま西谷先生がおっしゃったように、『日本書紀』の天智天皇のことなど、いろいろずっと考えて、そしていま申し上げた百済寺には、もともと百済の半跏思惟像《はんかしいぞう》があったと思います。現在、保管されているものはもちろん鎌倉時代のものですが、もとは百済の人が来て百済寺を造って、百済の半跏思惟像があったのではないか。私は日本各地を調査した際、神奈川県で百済の半跏思惟像を発見しました。長野県に観《かん》松院《しょういん》(北安曇《きたあずみ》郡松川村)というお寺がありますが、そこにも百済の半跏思惟像があります。一九七〇年代に対馬に行った際も百済の半跏思惟像を発見しました。あれこれ考えてみると、飛鳥時代までは溯らないけれども、やはり白鳳時代の奈良前期と考えざるをえない。その考えは永遠に変わらない、そう考えております。

小笠原　それでは申先生、石塔寺の年代はどんなふうに考えられますか。

申　どんな遺跡、またどんな遺物でも、最初のインプレッション、印象が一番重要だと思います。私は去年初めて石塔寺の三重の石塔を拝見しました。

百済の石塔、また百済系統の石塔の場合、塔身も屋根もすべて細かく分かれた別々の石の材料によって組み立てられています。石塔寺の三重の石塔の場合、屋根が一つの石、そして下の塔身も二つでありますけれどもだいたい一つの石で、これは材料が木造から石に変わった様式でなくて、石一つ一つで造った様式に感じられます。これは基本的に違っているところです。

ですが、初めて拝見したとき、下から高い階段をずっと登って、相輪を見て、そして全体を見てびっくりしました。なぜ韓国の石塔が日本のこの土地に来ているのか？　そういう気持ちになったのです。やはり、この石塔は韓国の石塔がどういうものか、それをよく知っている人が造った石塔であると思います。全体の印象というのは面白いもので、会場にも宮崎県南郷村《なんごうそん》の田原《たばる》村長がみえておられますが、扶餘との交流活動の一環で南郷村に朝鮮時代の建物を一つ、四～五年前に建てられました。西の正倉院のすぐ前に立派な建物を建てたのですが、設計や瓦の形など、朝鮮の建物そっくりそのままにと建てたらしいのですが、完成してみたら、やはり、日本人の方が喜び興味がある、そういう特徴のある建物になったといいます。それは、結局、朝鮮の建物ではないということです。

ですから、石塔寺の三重の石塔に戻りますと、日本の特徴的なところは一つもないですから、それを、現在になって百済的だとか、高麗時代の何とか言いますが、高麗初期と比較して遅れた年代ではないということです。

小笠原　ありがとうございました。続いて兼康先生。

兼康　私もやはり七世紀後半説に立とうと思います。なぜかと言いますと、私は現在、中世の花崗岩の加工技術を追跡しております。その流れのなかで考えていくと、十世紀の段階での花崗岩の加工技術でこの塔の製作を考えるのは、非常に難しいのではないかと思えるのです。むしろ、古代に溯って七世紀後半の方が、例えば飛鳥の都にある猿石や亀石などさまざまな石造品や、終末期古墳の石のくり抜き技術などからみて花崗岩の加工技術が非常に高まっています。それが奈良、平安と時代が下がってくるにつれ、花崗岩も当然使われていますが、寺院の礎石などの場合だと、自然石の上のごく一部を細工するだけであったり、磨崖仏の場合でも案外、彫りは浅いものです。そういった技術の点から考えていくと、私はやはり七世紀後半という時代に置くのがよいと思っております。

小笠原　四人のパネリストの方々からは、石塔寺の石塔は七世紀代と考えるというお答えをいただきました。会場からの質問で、「七世紀後半の奈良前期、あるいは白鳳時代の石塔と考えるのであれば、どうして、今回の報告のような十世紀の長蝦里と似る点が生じてきたのか?」というのがありました。M先生、どういうふうにご説明したらよろしいでしょうか。

○　先ほども申し上げたとおり、統一新羅という国が韓国の全半島を支配した時代。続く、高麗の王朝時代になっても、新羅の王様や新羅の移民たちを慰めながら、百済の領内だった地域でも移民たちを慰めながら政治をとったのです。渤海が滅亡した後にも、渤海の人々をみんな慰めた。高句麗の移民たちに対しても、高麗は高句麗の高麗だと。高句麗の「句」を抜いて高麗としたわけです。ですから高麗時代に至っても、百済の領土だった地域では、百済の文化、石塔や仏像が引き継がれていた。高麗初期の仏像は耳がぐーっと長いでしょう。そして、私はちょっと肥ったんですが、下の頬が、私の頬よりもっと肥っていますね。その肥った顔が、すなわち百済の顔です。それが高麗初期までずっと続いています。現在の忠清南道、全羅北道などでは全体的にそういう仏様の形です。十世紀の石塔が百済的なのもそういう理由ではないかと思います。

小笠原　西谷先生は、これに関してどんなように考えられますか。

西谷　先ほどお話ししたように、根が、モデルが一つということですから、日本列島の地で百済後期の石塔をイメージしてつくったら、こういうシンプルな石塔になったのではないでしょうか。一方は、朝鮮半島の地で過去のものを後世に真似て造ったらああなったわけでして、時代を隔てても両方に共通点が出てくることはあると思います。

小笠原　わかりました。もう一つ、会場からの質問で、従来、『日本書紀』の百済から移った人たちの関連でこの石塔を考えるという考え方がありますが、百済から移った人たちの世代にこの石塔がつくられたのか、あるいは、もう一つ後、あるいは二世、三世によるものなのか。これは非常に大事な点だと思います。兼康先生、そのへんはどんなふうに考えられますか。

兼康　難しい話ですね。そのへんは何とも言いづらいところです。百済の石塔に似ているのだけれども、日本的な要素が多いという点からみれば、二世、三世によるものかとも思うのですが、日本の石材によって形が規制されたのであれば、渡来して来た人々の手になるとみても良いわけです。そういうことから「何とも言いづらい」としか、今は言えません。申し訳ないですが。

なぜ平地ではなく丘陵の上に建っているのか？

小笠原　年代の問題につきましては多数決でまいりますと、圧倒的に七世紀後半が有力という感じです。

話題を変えさせていただきますと、石塔寺の石塔は丘陵の上にあります。こういう高い丘陵の上に古代の寺院を営むというのは、七世紀後半の白鳳時代の日本では当たり前のことでは決してありません。日本の古代寺院の立地は、ほぼ平野部に面した平坦地です。すると、石塔寺の石塔はなぜあんな高い場所に建てられたのかという問題が出てきます。これに関連して、会場からの質問に「どうして七世紀後半の三重石塔が一〇〇六年（寛弘三年）に掘り出されたのか」というものがありました。西谷先生、綺田《かばた》廃寺のことも関連して、どうお考えになりますか。

西谷　寛弘三年の発見〔『江州石塔寺記』の記述。87ページ参照〕は土中よりというだけで、現在建っている場所で出たとは書かれていません。ですから、私は平地にあったお寺に建っていたのが偶然その後見つかって、現在の場所へ移築したということもあり得るんじゃないかと思います。

小笠原　私も蒲生町と二十年来いろいろと関わってまいりましたなかで、石塔寺の石塔は初めからあそこに建っていたのではないのではないかと考えております。蒲生町教育委員会の田中浩さん、会場におられますか。以前、田中さんから、石塔寺の階段を登るすぐ下に駐車場をつくる際に瓦が出土して、その瓦が綺田の瓦と非常に似ているというお話を聞いたことがあります。それをご説明いただけますか。

田中　現在、石塔寺の駐車場になっている場所を整地した際に瓦、いわゆる布目瓦と呼ばれるものが数点出てきました。それは現在、石塔寺の方で保管されていますが、その中に八弁蓮華文の、単弁のものですが一点含まれています。それがどうも綺田廃寺で以前出土したものに非常に似ている、同笵《はん》ではないかと考え、石塔寺の造営に関連しているかを検討したことがあるのですが、どうも石塔寺周辺では堂塔が建つような場所が見つからないという結論になりました。あるいはあの周辺に綺田廃寺に関連するような瓦窯が存在するのではないかと、私自身は思っています。

小笠原　ありがとうございました。石塔寺の石塔がもともとあそこに七世紀後半に建てられていたとすると、あの山の上にもっと瓦が散らばっていなければおかしいのですが、実際には瓦は全然拾えません。会場から「石塔寺はどういう伽藍配置をとっていたのか」という質問もありましたので、それに答える形で少し話させていただきます。

田中さんに説明いただいたように、あの下の駐車場の場所で瓦が見つかり、しかも綺田廃寺と同じ軒丸瓦、同笵の瓦らしい。そうすると、これは幾つか可能性があるのですが、普通、考古学で寺院のことを考える場合、次のように考えるのがよいと思います。であれば、瓦当《がとう》文様からみて綺田廃寺は渡来人の寺だと、以前書いたことがあります。私は、綺田廃寺の瓦は、石塔寺の裾の所で瓦窯をつくって焼いていたと考えるわけです。なぜ一〇〇六年に石塔寺の石塔が見つかったかということは非常にデリケートな問題があるんですが、綺田廃寺が廃絶した段階で何らかの形であの石の塔は地中に潜った可能性があります。綺田の寺を造営した氏族と石塔寺のある場所とは非常に強い関連があったと考えられ、綺田廃寺にかつてあった石塔寺の石塔が何らかの理由で綺田廃寺と関連のあった丘陵の上に移築されたのではないかと思います。これは将来の大きな課題だと思います。

そこで、会場からも質問がありましたが、「この石塔が一〇〇六年に見つかったということは、何らかの形で地中に潜っていたことになります。その痕跡は、表面の状態などから確認できないのか？」ということですが、兼康先生、いかがでしょう。

兼康　あまり塔のそばへ寄って細かく観察できないという難点があるんですが、少なくとも、いま残っている部分は、倒れたことがあっても大きな傷みはないと思います。ただ、現在上に乗っている相輪はまったく新しいものだという点。その相輪の上にもう一つ屋根みたいな小さい十五世紀ころの五輪塔の笠を乗せています。ですから、ひょっとすると、ある時期にこの塔が倒れ、相輪が折れてバラバラになったという可能性があります。

会場からの質問　石の年代測定と産地について

小笠原　話題がいろんな方面に進んでまいりまして、残り時間が少なくなりました。ここで会場からお二人だけですが質問をお受けします。パネリストの方にご意見なり、ご質問なり、どなたかございましたら、どうぞ。

参加者　先ほどから、年代推定がいろいろ言われておりますが、例えば放射性カーボンや、石の中の何か特殊な元素、場所ですとストロンチウム・ルビジュウム比による判定法というものがあると聞いたことがございます。そういう何か科学的な方法を用いることはできないのでしょうか。お聞きしていると、形態論ばかりという感じがいたしますが、もう少し、科学的と言うと語弊《ごへい》がございますが、例えば国立文化財研究所などでは、理学博士の方が最新の測定機材を使っておられる。そういうことはできないものなんでしょうか。

小笠原　もう一人、どなたか、どうぞ。

参加者　石の質について。どこから出た石なのか、お教えいただきたいと思いますが。

小笠原　ご質問の一つは石材ですね。花崗岩だといってるその石材は、どの地域からかということ。もう一つは、年代の測定についてで、形態論が主体になっていますが、何らかの方法で客観的な、建造年代を示すものがわからないのかどうか。これはやはり兼康先生に答えていただきましょうか。

兼康　科学的な方法については、現在、花崗岩に関しては年代の推定ができるような材料はまだないと思います。あわせて石の質の問題に入りますが、石塔寺の三重塔の石材を蛍光X線分析にかければ、たぶんここが採取地ではないかと思う場所の石と、同じ石かどうかを比較することは可能だと思います。ただし、これが非常に難しいのです。塔によじ登って石を割って帰るわけにいきませんので、まだ行われていないのです。まさに現時点で石塔寺の三重の塔の研究に何が抜けているかと言いましたら、この花崗岩はいったいどこの花崗岩であるか？　それが「画竜点睛を欠く」というようなことだと思っています。

周辺地域の石造物の花崗岩に関しては、鎌倉時代中期の終わり、西暦で言えば一二八〇年を過ぎたぐらいから、日野町の蔵王《ざおう》の石が蒲生郡では非常にたくさん使われてます。しかし、残念ながら、古い花崗岩製の石塔には蔵王の石は使われておりません。近くでもう一カ所考えられる産地は、近江八幡市の岩倉ですが、三重塔の石材は肉眼の観察によりましても、明らかに岩倉の石ではございません。また、地元の石屋さんから「似た石がある」と、永源寺町の愛知川《えちがわ》上流辺りの石ではないかというご意見を伺ったことがあります。それぞれの岩石のサンプルを取って、科学的な方法で判定してみることも、今後は可能になるかと思います。

小笠原　ご承知のとおり石塔寺の石塔は、国の重要文化財に指定されています。指定物件を打ち欠いて、その石材を蛍光X線などで分析することは非常に難しいのです。正確な石材の性質、どこの産地かということを厳密に同定するには、やはり鉱物の組成をきっちり顕微鏡で見なくてはならずプレパラートをつくる必要があります。それが、できかねるというところに指定物件の一つの難しさかがあります。ですから、兼康先生がおっしゃったように、肉眼で見るだけでの判断では表面の風化の状態だけで考えても難しく、どこから産出した石材を使っているかも、はっきり言い切れないということです。そういうことで、どこで石工があの石塔をしつらえたかということについては、将来の課題としてどうしても残さざるを得ないだろうと考えます。

周辺地域との関わり

小笠原　さて、本日の基調講演で、西谷先生が広い視野で蒲生郡を含むこの地域にいろんな形で渡来人たちが関わったことを、具体的に布施《ふせ》の溜池《ためいけ》などを例にお話をしていただきました。

最後は話を、この蒲生町の佐久良川の流域というふうに少し広げまして、この佐久良川の流域一帯、あるいは、もう少し広げて、日野川の右岸一帯が、どのように渡来人たちと関わり合いを持ったのかを考えたいと思います。佐久良川をさらに溯って現在の日野町の小野《この》と呼ばれる字には、百済の人たちが日本に移住したことに関連する遺跡として鬼室《きしつ》神社、鬼室集斯《きしつしゅうし》のお墓が見つかっていろいろと研究がなされてきたという経緯があります。

私の見解を少し述べさせていただくと、将来の鍵を握るのは、やはり綺田廃寺ではないかと思います。なぜかと申しますと、現状のままでは、形態論などだけで、なかなか研究を進展させにくい。新しい研究は新しい資料を必要とするわけです。多くの資料を提供するであろう綺田廃寺については、まだほとんど発掘が進んでおりません。西側で一部田んぼを掘ったことがあるだけです。この発掘がもっと進みますと、石塔寺の石塔に関連する資料、先ほど出ておりました瓦の問題などの新しい資料を生み出してくる可能性があります。

石塔寺の石塔は、決して石塔一つが孤立して建っていたとは考えられません。今回、比較された百済の定林寺をはじめ、いろんな石塔のあり方から見ても、一つの伽藍の中の塔であったはずです。この石塔寺の石塔がどういう伽藍の中で、どういう位置づけになっていたかという資料を、私たちはやはり必要とする段階に来ていると考えます。

また建設に関わった人々は、この佐久良川流域の水利の悪い地域、蒲生野の最南端の地域を開発していった渡来人の人たちだと考えられます。布施溜の土手や水門をつくった技術の由来、佐久良川流域でどのように開発が進み、集落が形成され、蒲生野が狩りをする場所から平野へと変わっていったかという大きな課題が、この石塔寺の研究の背景には実はあるわけです。そういうことも踏まえながら、石塔の問題は深めていく必要があると考えます。

今後の研究の方向

小笠原　最後に四人のパネリストの方々に、これから石塔寺の研究をどのように進めていくか、あるいはどのように進むことを期待するかを述べていただきたいと思います。それでは鄭先生からお願いいたします。

鄭　会場からのご質問の中にあった、「韓国の百済様式の塔、高麗時代のものはすべて寺院からの塔なのでしょうか、塔単独で造立されたのではないでしょうか」というのは重要な質問ですのでお答えしておきます。先ほどは、石塔寺の石塔が平地ではなく山の中にあるのがありえないことのようなお話でしたが、韓国の場合では、百済時代にも山間寺院といって、山の中に寺院をつくっています。そういう例では敷地も狭いため、必ずここに石塔を建てて、ここに金堂を建てて、という型にはまった伽藍の配置ではありません。塔が一つあって、離れた場所に講堂や金堂があるという伽藍もあります。そして、統一新羅の初期にも、塔は塔として建てられて、金堂は別の場所に建てる例も少なからずあります。

そして、石塔寺の石塔の場合、その周辺に塔を建てる区域がちゃんと残っているでしょう？　それが重要なのです。現在の扶餘の定林寺でも、定林寺五重の石塔がそこに残っています。そして三国時代、古い新羅時代の芬皇寺《ブヌワンサ ぶんこう》というのが慶州《キョンジュ》にありますが、それも石塔寺のそれと同じで、大きな広いあれが残って、その中心に磚《せん》の塔を建てています。そういう点で比較していけばよいのではないでしょうか。

ただし、一〇〇六年に出土したということは、それ以前に台風などによって倒れたか、何百年、何千年ずっと続く寺院は本当に稀ですから、廃寺によって土中に埋もれていたのを後代にこういう立派な石塔があったからこれを建て直しましょうということで、別の場所に移されたという説も納得できることだと思いますが。

ですから、石塔寺の三重の石塔に関する研究はこれから始まるところだと思います。位置の問題もあるし、材料の問題もあるし、様式の問題もある。日本の重要文化財に指定されていますから、研究上の制約もあるでしょうが、とにかく石塔寺の研究はこれから始まるということを申し上げておきます。

小笠原　どうもありがとうございました。では続いて申先生、どうぞ。

申　今もお話に出ましたが、百済の寺院は必ずしも平たい地形に建てたのではありません。特に百済の後半になると、山の中に入っていき、狭い場所に寺をつくりましたので、その場合には中門、南大門、講堂といったものは配されていません。

一つの例をあげれば、扶餘の扶蘇山《プソサン》という山の中、現在でも扶餘の市内がずっと眺められる立派なところに小さな寺院の跡があります。その発掘の現場を私も見ましたが、平地での伽藍配置や建物を建てることは考えられないような場所でした。石塔寺の石塔の場合も、百済後半のそういう例と通じていると考えることもできるのではないでしょうか。

小笠原　どうもありがとうございました。扶蘇山の上に西腹寺《ソブクサ》《せいふく》という寺院があります。そこのことも紹介していただきました。それでは兼康先生、一言。

兼康　やはり年代を最終的に決めるには、遺跡の中にどう建っていたかを決めることが一番だと思いますので、小笠原先生がおっしゃった「綺田廃寺説」は非常に魅力のある説だと思うのです。しかし、こういったシンポジウムですから、何かへその曲がった意見を言った方が面白くなると考え、一つ提案させていただきます。

今、塔の建っている山の上にひっくり返ってあったのが、平安時代に見つかったのであってても別に問題ないのではないか。と言うのは、日本で非常に古い石の塔を敷地内に持っている寺院として、大阪府の太子町にある二上山《ふたかみやま》という山の中に、凝灰岩を切り出して十三重石塔をつくった鹿谷寺《ろくたん》という寺院があるんです。これは非常に狭い平坦地の中ですが、塔の近くに仏を祀った仏龕《ぶつがん》の跡らしいものがあり、そこから採集された遺物からみて、恐らく八世紀を下ることはないだろうと言われています。案外、そういう形の寺が山の中にあっても不思議ではないと、そのように思います。

小笠原　最後に西谷先生、今回のシンポジウムをまとめる形で、一言よろしくお願いいたします。

西谷　午前の報告の中で、私は布施の溜池の問題を強調したのですが、これはぜひ今後も注意していただきたいと思います。そして、本日お話をうかがっていて大変興味深く思ったのは、やはり綺田廃寺の問題です。小笠原さんの資料の瓦の拓本で、「湖東式軒丸瓦と朝鮮半島の軒丸瓦」が比較されており、上が百済の寺々から出たもの、下がこの地域で出たものです［99ページの図9］。綺田廃寺からも、百済系ないしは新羅系の瓦が出ています。つまり綺田廃寺には百済系ないし新羅系の瓦が葺《ふ》かれていたということですね。

九州では、新羅の神を祀った神社が式内社であったり、あるいはそのそばに寺院があって、発掘すると百済系の瓦や新羅系の瓦が出てくる例があります。やはり、あの地域に渡来してきた人々が、片やお寺を建て、片や自分たちの祖先を祀ったのでしょう。ですから、百済系、もしくは新羅系の瓦が出るということは、何らかの形で渡来人と関係があると思います。ただ問題は、ここで出てくる朝鮮半島系の瓦が直接か、いったん大和を経由して入ってきたのかです。どういうことかというと、『日本書紀』の記述［143ページ参照］によると、天智天皇八年（六六九年）の項で、有名な文章ですが、「鬼室集斯等、男女七百人を以て、近江国の蒲生郡に遷し居く」と書いてあります。「遷《うつ》し居《お》く」ですから、いったんどこかに来ていたものをさらにここへ移しているということです。このことから考えると、この地域における百済系の瓦は大和経由の可能性があるわけです。

もちろん、直接の交流があった可能性もあります。今回のシンポジウムも主催が蒲生町であり、長蝦里をはじめ韓国との交流は小淵政権(日本政府)とはまったく関係ありません。蒲生町と南郷村が独自にやっておられる、「国際」と銘打った交流は、「民際」とでも呼ぶべき交流です。民間の交流、そういう面から、渡来系の遺物も検討していく必要があるかとも思います。

最後に申し上げたいことは、今日こちらへ来た際に木村古墳群を拝見し、立派に整備されているので非常に感銘を受けました。すぐ背後に雪野山古墳が望めました。小笠原先生とお話していたんですが、四世紀、あるいは三世紀に溯る古代には雪野山の上に古墳が築かれ、時代を下って五世紀の木村古墳群は平地に造られています。これらからは、この地域を治めていた豪族の系譜がたどれるわけです。さらに時代が下りますと、古墳づくりが終息し、寺院を造ろうという時代になって建てられたのが綺田廃寺などではないでしょうか。

このように、この地域を雪野山から木村古墳群、そして綺田廃寺をはじめとする古代寺院という流れで見ていくとすれば、その中でやはり綺田廃寺が非常に重要であると思います。ぜひとも将来、綺田廃寺に関して本格的な整備基本計画なりをお立ていただいて、一

○年、二〇年単位で調査され、また木村古墳群の整備のように、立派な寺院址が整備される時代が来れば、その過程でいろいろな情報が得られて、この地域の歴史、そして百済との交流についても一段と研究が進むだろうと思います。そういう印象を受けました。

小笠原　どうもありがとうございました。それでは、これをもちましてシンポジウムを終わらせていただきます。四人のパネリストの方々、ありがとうございました。

関連年表

西暦	紀元前 100	1	紀元後 100	200	300	400	500	600	700	800	900

中国	前漢	後漢	三国（魏・呉・蜀）	西晋	東晋／五胡十六国	南北朝	隋	唐	五代

朝鮮		
夫餘	高句麗	渤海
楽浪郡		
馬韓	百済（三国時代）	統一新羅
弁韓	伽耶（伽羅）（三国時代）	
辰韓	新羅（三国時代）	

日本	弥生時代	古墳時代	飛鳥時代	奈良時代	平安時代

事項

中期中葉（一世紀ころ）市子遺跡、アリヲヲジ遺跡

中期後葉（二世紀ころ）野瀬遺跡、内池遺跡、外広遺跡

後期（三世紀ころ）麻生遺跡、田井遺跡、堂田遺跡、平塚遺跡

前期（四世紀ころ）雪野山古墳

三八四　百済へ仏教が伝わる

中期（五世紀ころ）ケンサイ塚古墳、天乞山古墳、久保田山古墳

後期（六世紀ころ）横山・天狗前古墳群

宣化三年（五三八）百済から日本へ仏教が伝わる（『上宮聖徳法王帝説』『元興寺縁起』）

欽明十三年（五五二）百済から日本へ仏教が伝わる（『日本書紀』）

天智二年（六六三）白村江の戦い

天智八年（六六九）佐平余自信、佐平鬼室集斯らと男女七〇〇人を近江蒲生郡に遷居させる

白鳳（六八〇ころ）宮井廃寺、綺田廃寺、石塔寺、建立される

年	1900　1800　1700　1600　1500　1400　1300　1200　1100　1000
中国	中華人民共和国／中華民国／清／明／元／南宋／北宋
朝鮮	朝鮮民主主義人民共和国・大韓民国／日本植民地時代／大韓帝国／朝鮮（李朝）／高麗
日本	平成／昭和／大正／明治／江戸時代／安土桃山時代／戦国時代／室町時代／南北朝時代／鎌倉時代／平安時代

十世紀ころ　場岩面長蝦里の三重石塔が造られる

嘉応二年（一一七〇）平信範が石塔寺三重石塔に参詣

永仁三年（一二九五）涌泉寺の石造九重塔に刻銘あり

文保三年（一三一八）赤人寺石造七重塔、吉善寺石造宝塔に刻銘あり

応仁二年（一四六七）応仁の乱より広がった戦火で石塔寺の大部分が焼失する

寛文十一年（一六七一）『江州石塔寺記』が書かれる

寛政二年（一七九〇）司馬江漢が石塔寺三重石塔に参詣

昭和二～六年（一九二七～三一）福田海により石塔寺の石仏群の整理が行われる

昭和十二年（一九三七）坪井良平・藤沢一夫により石塔寺三重石塔の実測が行われる

第三部

韓国場岩面と蒲生町

シンポジウム開催までの経過

シンポジウムでも明らかになったように、蒲生町の石塔寺三重石塔は、百済にルーツが求められ、その構造は韓国扶餘《プヨ》郡場岩面《チャンアムミョン》長蝦里《チャンハリ》の三重石塔と類似性が認められる。また、『日本書紀』には天智天皇八年（六六九）に百済遺民を近江国蒲生郡に遷居したとあり、遺跡の上からも、蒲生町域には渡来系氏族に関わると考えられる綺田廃寺が存在する。

このように、蒲生町域と百済との間には深い関わりがあったことが推察されることから、蒲生町は場岩面と交流をすすめ、平成四年（一九九二）には姉妹都市提携を結び、翌年には蒲生町国際親善協会を発足させている。今回のシンポジウムは、平成元年（一九八九）十一月に行われた町職員による訪韓を起点として、平成十一年（一九九九）十一月で一〇周年を迎えることから、これを記念する交流事業の一環として行われたものであった。

以下、初の訪韓以前に溯って、これまでの交流の歩みを概観してみよう。

「自ら考え自ら実践する地域づくり事業」が始まり

蒲生町と場岩面との交流は、昭和六十三年（一九八八）十二月に国が創設した「自ら考え自ら実践する地域づくり事業」（ふるさと創生一億円事業）に端を発している。この事業は、地域における多様な歴史、伝統、文化、産業等を生かし、独創的・個性的な地域づくりを自ら考え自ら行うための〝起爆剤〟とするため、竹下登内閣の提唱により行われたもので、全国三三〇〇の市町村に対して昭和六十三年度に二千万円、平成元年度に八千万円、合計一億円が地方交付税として交付された。

これに対して、蒲生町役場内では、農業商工業の振興、川や石塔寺などの文化財を生かした観光振興、環境整備や人材育成のための各地区への助成、町の歴史や文化の伝承・保存などの意見が出され、さらに広報などを通じて町民にも意見やアイデアを募った。平成元年五月に設けた「ふるさと創生検討委員会」で類似のアイデアをまとめて集約したものを検討、さらに住民の代表者二〇名で構成された「ふるさと創生ラブリータウン委員会」を七月に設けて検討をすすめ、八月の同委員会で、以下の三つの事業を柱に取り組むことが決定された。

(1)画家・野口謙蔵の顕彰事業
(2)石塔寺三重石塔にちなむ韓国都市（町）との交流事業

(3)各字にある文化遺産などの保存と活用

このうち、具体的な計画が決まり、初年度の予算が組まれたのは(1)と(2)で、(1)としては、蒲生町出身の近代洋画家・野口謙蔵のアトリエを保存して資料館とすること、作品を数点購入することなどが計画された(平成三年にアトリエを改築復元して、「野口謙蔵記念館」を開館している)。(2)の石塔寺関連では、この時点で、韓国の交流先として、石塔寺三重石塔と様式がよく似ている長蝦里石塔がある忠清南道扶餘郡付近の町が候補にあげられ、国内では、同じく百済とのつながりから韓国との交流を進めている宮崎県東臼杵《ひがしうすき》郡南郷村《なんごうそん》の名前があがった。そして、躍進めざましい韓国へ青少年を派遣し、その文化に触れてもらう訪問団も構想された。

日韓交流の先達、宮崎県南郷村へ

委員会の決定から二カ月後の平成元年十月、事業の先達であり、国内交流先に予定していた宮崎県の南郷村を町職員が視察した。同村は、日向市から西へ車で一時間ほどの山間にあり、総面積一九〇・四六平方キロメートル、その九割を山林と原野が占め、人口は約二八〇〇人(平成十二年現在)の山村であるが、唐と新羅の連合軍に滅ぼされた百済の王族が移り住んだという伝説があり、百済王族禎嘉王《ていかおう》の墓とされる塚の原古墳や同王を祀る神門《みかど》神社、百済

王族の遺品といわれる二十四面の銅鏡などを有している。同村では、昭和六十一年から韓国扶餘郡に調査団を派遣し、「百済の里づくり」事業を一〇年間の事業計画で一五億円を投じて取り組もうとしていた。

その後、同村は、平成三年九月に扶餘郡扶餘邑との姉妹提携に調印。村内に百済文化を紹介する資料館兼物産販売所として、「百済の館」を建設した。瓦、丹青《タンチョン》（塗装）は韓国産を用い、工事の技術者も招聘して、韓国国立扶餘博物館の敷地内にある建物（客舎《ケクサ》）を忠実に再現したものとなっている。

場岩面の長蝦里三重石塔を視察

韓国へは平成元年十一月、韓国の歴史に詳しい近江八幡市立資料館の江南洋館長に同行を願い、町職員が初めて長蝦里三重石塔を視察した。国立扶餘博物館館長（当時）の申光燮《シンクワンソブ》氏らと会見し、「写真などを見る限り、百済時代の形式を模しており、長蝦里石塔に似ている」という意見が得られた。すでにこの時点で、交流を深めたのちに、平成三年に竣工予

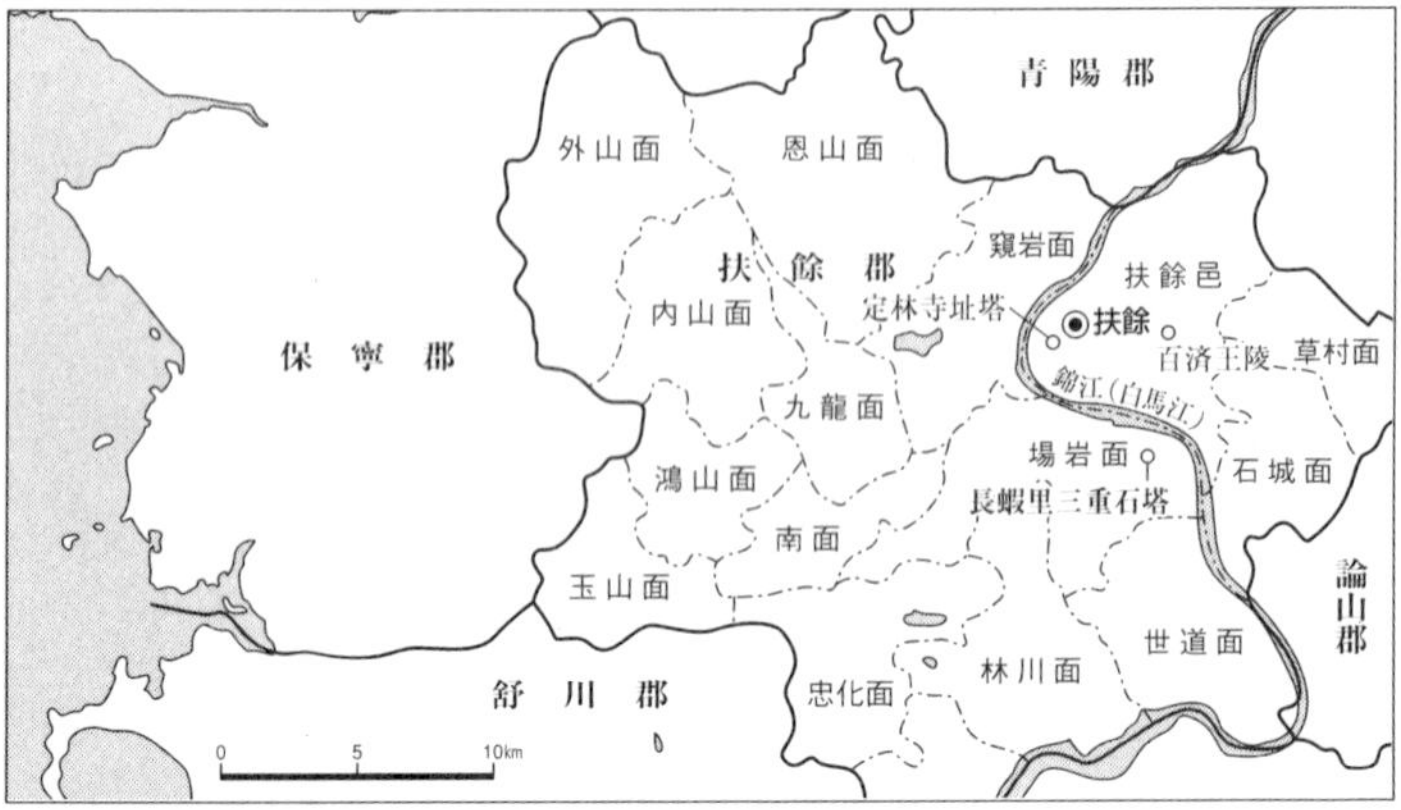

定だった町の文化小劇場(あかね文化センター)で石塔や百済文化をテーマとしたシンポジウムなどを開催しようという案が職員間ではあがっていた。

平成二年五月には、鬼室集斯《きしつしゅうし》［153ページ参照］が縁で、韓国扶餘郡恩山面《ウンサンミョン》から日野町の町制三五周年記念式典に招かれ、姉妹提携の調印を行った使節団一行が、蒲生町の石塔寺三重石塔を見学している。

その後、姉妹提携先として、長蝦里三重石塔がある場岩面があげられ、町長をはじめとする代表六名が、平成二年六月に訪韓し、扶餘郡守(長)に蒲生町側の意向を伝えた［写真1、2］。

場岩面は、錦江《クムガン》(この辺りでは白馬江《ペンマガン》と呼ばれる)をはさんで百済の都として栄えた扶餘の南に位置し、人口約五八〇〇人、面積五二・六五平方キロメートル(うち耕地が三分の一)、米やスイカの栽培を主な産業としている農村であるが、三重石塔の他、店上里墳墓、長蝦里南山興学堂、徳林丙舎などの歴史遺産を有している。

そして、平成二年八月、石塔寺周辺を会場として開催した「第一回石塔フェスティバル」に場岩面の趙中九《チョチュンク》面長一行と南郷村の黒田和雄助役を招請した［写真3］。同フェスティバルでは、石塔寺の石塔の周囲に多数の蝋燭を立て火をともす「万灯祭」を中心に、境内での無病息災を祈る護摩《ごま》焚き、訪問団との交流などが行われた。

以降、韓国舞踊の観劇、チマ・チョゴリ（韓国の民族衣装）を着た町内の女性らも参加し

写真1　平成2年6月、蒲生町長と町議会議長の2名が韓国扶餘場岩面を訪問。長蝦里三層石塔を見学

写真2　蒲生町長から趙中九場岩面長へ石塔寺三重石塔の写真を贈呈

写真3　平成2年8月、「第1回石塔フェスティバル」に招請した場岩面一行

写真4　平成11年8月22日、第10回目を迎えた石塔フェスティバルでの交流セレモニー

たパレードなどが順次加えられ、現在では毎年八月の第三もしくは第四日曜日に催される町のイベントとして定着した［写真4］。なお、「万灯祭」は、昭和初期に石塔寺境内が整備された時に始められた行事で、地元の人たちが先祖供養として献灯したものだったが、第二次世界大戦中の灯火管制のために昭和十八年（一九四三）を最後に途絶えていた。これが第一回フェスティバルの前年（平成元年）に、町有志と町観光協会により四六年ぶりで復活していたものである。

日韓中学生の交流

平成三年八月には、蒲生町の朝《ちょう》桜《おう》中学校の生徒八名を含む一五名が、初の青少年韓日親善文化交流団として訪韓、長蝦里三重石塔などを見学した［写真5］。

平成四年五月には、八回目の韓国公式訪問団が訪韓。国立扶餘博物館に申光燮館長を訪ね、計画されていた日韓文化交流シンポジウムにおいて基調講演を要請したが、同館は新館を建設中のため、以後一年余り関連業務に忙殺されるため、時期を平成五年度以降に改め、計画を再検討することとなった。続いて、場岩面を訪ね、趙中九面長に、秋に完成予定の新庁舎竣工式への招請と、夏に場岩面の中学生を招請することを申し入れた。

同年八月には、場岩中学校の生徒八名と引率教員二名が来町し、町内の家庭でホームステイを行った。以降、朝桜中学校と場岩中学校は一年おき交互に生徒八名（男女各四名）と引率の教員が訪韓と訪日を行って、互いに交流を続けている。

写真5　平成3年8月、蒲生町の朝桜中学校生徒8名を含む15名が訪韓。写真は扶餘定林寺の石塔の前での記念撮影

姉妹都市提携に調印

平成四年十一月二日、蒲生町の新庁舎の竣工式が行われ、その終了後に場岩面と蒲生町の姉妹都市提携の調印式典が執り行われた。場岩面から招請された趙中九面長以下四名の代表団を迎え、南郷村の田原《たばる》正人村長らの立ち会いのもとで、面・町長により署名がなされた〔写真6〕。続いて、新庁舎南側の中庭に、韓国の国花であるムクゲと日本の国花であるサクラの記念植樹が行われた。

その後、平成七年十一月、蒲生町の町制施行四〇周年にあたっては、場岩面韓日親善協会から烏石《からすいし》製、高さ三・一メートルの石碑が寄贈された[写真7]。韓国の守護神、天下大将軍の顔を刻んだもので、蒲生町の今後の安泰と幸福を祈る気持ちが込められている。

写真6　平成4年11月2日、趙中九面長に来町いただいて行われた姉妹都市提携調印式

写真7　平成7年、蒲生町の町制40周年を記念して場岩面から寄贈された記念碑

蒲生町国際親善協会の設立

平成五年七月十二日には、国際交流を積極的に推進するための組織として「蒲生町国際親善協会」が設立され、会員を募集した。十一月には同会会員を中心とした第一回日韓親善文化交流使節団が訪韓し、場岩面の長蝦里三重石塔などを見学した。同会は町役場内に事務局が置かれ、会員が支払う年会費と町からの補助金などによって運営されている。翌六年六

月から会報『朋友』を毎年二回発行し、交流使節団参加者の感想などを紹介している［写真8］。

平成十二年七月現在で、会員数は個人会員が三三八、法人一二となっており、毎年十月ごろに実施されてきた交流使節団は、平成十一年までに七回を数え、のべ八三名が訪韓している［写真9］。

写真８　蒲生町国際親善協会の会報『朋友』

写真９　平成９年10月、第５回文化交流使節団が訪韓。写真は長蝦里三重石塔の見学

シンポジウムの開催

韓国場岩面との交流が一〇年目を迎えた平成十一年、蒲生町では蒲生町国際親善一〇周年記念事業実行委員会を組織、記念事業として、同年十月三十一日、「日韓文化交流シンポジウム石塔寺三重石塔のルーツを探る」を開催した。

当日は、韓国場岩面より三名、国内交流先の宮崎県南郷村より田原正人村長はじめ二名を来賓として迎えて下記のプログラムで行われ、センター内では日韓文化交流一〇年のあゆみ展および日韓文化交流歴史資料展が開催された(十一月三日まで)。シンポジウム参加者、展示見学者はのべ三五〇名であった。

【テーマ】石塔寺三重石塔のルーツを探る
【会　場】あかね文化センター　大ホール
【プログラム】
一〇：〇〇　受　付
一〇：三〇　開会行事
　あいさつ　実行委員長　池内順一郎
　蒲生町長　安井一嗣
一〇：五〇　基調報告
　鄭永鎬（韓国教員大学校教授）
　西谷　正（九州大学教授）
一二：〇〇　休　憩
一二：五〇　アトラクション日本民謡（日本民謡間宮会）
　国際古典舞踊（国際古典舞踊学校）
一三：四〇　シンポジウム
　パネリスト　鄭永鎬／申　光燮（国立中央博物館遺物管理部長）／西谷　正／兼康保明（滋賀民俗学会理事）
　コーディネーター　小笠原好彦（滋賀大学教授）
一五：四〇　閉会行事
一六：〇〇　閉　会

会場となったあかね文化センター

日韓文化交流シンポジウム
石塔寺三重石塔のルーツを探る

国際古典舞踊のアトラクション

町内外からの参加者で埋まった大ホール客席

あとがき

蒲生町国際親善協会
会長　池内順一郎

シンポジウムの開催から本書の刊行に至る一年たらずのうちにも、日本国内各地では日韓の古代における文化交流の活発さを物語る遺跡が次々と見つかり、日本の古代を考えるうえで、〝渡来文化〟はますます無視できない状況となっています。先だっても鳥取県の青谷上寺地《あおやかみじち》遺跡で、韓国慶尚南道の勒島《ヌクト》遺跡と全羅南道の郡谷里貝塚の出土品に類似した卜骨《ぼっこつ》や鉄斧、骨角製品が大量に見つかり、新聞等で大きく報道されました。本書の刊行もまた、そうした流れの中に位置づけられ、蒲生町民ならびに周辺市町の皆さんのみならず、全国の方々に興味をもっていただける内容をそなえた本になったと考えます。

シンポジウムの最後でも諸先生方が述べておられますように、石塔寺三重石塔のルーツに関する研究はまだまだ始まったばかりです。数多くの謎がいまだ残されているといってよいでしょう。今後の研究の進展を願うところです。

最後に、三重石塔が取り持つ縁で交流が始まった韓国忠清南道扶餘郡場岩面の人々とわが町住民の友好親善の輪がますます広がり深まることを祈念して、あとがきといたします。

参考文献

第一部

蒲生町の歴史と文化

蒲生町史編纂委員会編『蒲生町史』第一巻　古代・中世、蒲生町、一九九五年。

蒲生町史編纂委員会編『蒲生町史』第三巻　考古・美術・建築・民俗、蒲生町、二〇〇〇年。

岡田精司「公民制についての覚書」『日本史研究』第八九号、一九六七年。

森山宣昭「美濃国多芸郡民の蒲生郡移住について」『蒲生野』第一六号、一九七九年。

八幡町役場『滋賀県八幡町史』上巻、一九四〇年。

滋賀県蒲生郡役所『近江蒲生郡志』巻壱、一九二二年。

邨岡良弼『日本地理志料』（京都大学文学部国語学国文学研究室編『諸本集成倭名類聚抄』外篇、臨川書店、一九六六年再録）。

角川文化振興財団編『古代地名大辞典』本編、角川書店、一九九九年。

池辺弥『和名類聚抄郡郷里駅名考証』、吉川弘文館、一九八一年。

蒲生町『広報がもう』No.172、一九八六年二月二〇日。

滋賀県における渡来人の足跡

坪井良平・藤沢一夫「近江石塔寺の阿育王塔」『考古学』第八巻第六号、一九三七年。

杉山信三「大唐百済塔の比例について」『考古学』第八巻第六号、一九三七年。

川勝政太郎「石塔寺三重石塔と層塔の階調」『史迹と美術』第八二号、一九四四年。

杉山信三『朝鮮の石塔』、彰国社、一九四四年。

金永培「扶餘長蝦里石塔の舎利蔵置」『考古美術』第四巻第三号、一九六三年。

黄寿永『韓国美術全集六　石塔』、一九七四年。

高裕燮『朝鮮塔婆の研究』、一九七八年。

曽和宗雄「近江・石塔寺層塔考」『月刊　韓国文化』第三巻第五号、一九八一年。

野村隆「近江石塔寺三重石塔の造立年代」『史迹と美術』第五五八号、一九八五年。

小笠原好彦・田中勝弘・西田弘・林博通『近江の古代寺院』、近江の古代寺院刊行会、一九八九年。

東潮・田中俊明『韓国の古代遺跡』、中央公論社、一九八九年。

国立中央博物館『佛舎利荘厳』、一九九一年。

蒲生町史編纂委員会編『蒲生町史』第一巻　古代・中世、蒲生町、一九九五年。

胡口靖夫『近江朝と渡来人—百済鬼室氏を中心として—』、雄山閣出版、一九九六年。

滋賀県の石塔文化と層塔

田岡香逸『近江の石造美術』六、民俗文化研究会、一九七三年。

滋賀県教育委員会編集発行『重要文化財涌泉寺九重塔修理工事報告書』、一九七八年。

解説

京大日本史辞典編纂会編『新編　日本史辞典』、東京創元社、一九九〇年。

今泉淑夫編『日本仏教大辞典』、吉川弘文館、一九九九年。

蒲生町史編纂委員会編『蒲生町史』第二巻　近世・近現代、蒲生町、一九九九年。

山中一郎・狩野久編『新版　古代の日本』第二巻　アジアからみた古代日本、角川書店、一九九二年。

第二部

石塔寺三重石塔建立の背景

滋賀県文化財保護協会編集発行『いにしえの渡りびと―近江の渡来文化』、一九九六年。

大津市歴史博物館編集発行『近江の古代を掘る―土に刻まれた歴史―』、一九九五年。

石原進・丸山竜平『古代近江の朝鮮』新人物往来社、一九八四年。

胡口靖夫『近江朝と渡来人―百済鬼室氏を中心として―』雄山閣出版、一九九六年。

近藤広「近江高島郡における渡来系文化―中央政権および周辺地域との関連―」『滋賀考古』第二〇号、一九九八年。

全栄来『百済最後決戦場の研究―白村江から大野城まで―』、全北郷土文化研究会、一九九五年。

解説

山中一郎・狩野久編『新版　古代の日本』第五巻　近畿、角川書店、一九九二年。

林博通『古代近江の遺跡』、サンライズ出版、一九九八年。

森浩一編『古代日本の知恵と技術』、大阪書籍、一九八三年。

八日市市編さん委員会編『八日市市史』第一巻　古代、八日市市、一九八三年。

銅鐸博物館編『須恵器の美と世界―鏡山古窯址群の時代―』、銅鐸博物館、一九九九年。

執筆者紹介（本文の掲載順）

田中　俊明（たなか・としあき）
一九五二年福井県生まれ。京都大学大学院文学研究科博士課程修了後、日本学術振興会特別研究員、堺女子短期大学助教授を経て、現在、滋賀県立大学助教授。
『韓国の古代遺跡　一　新羅篇（慶州）』、『韓国の古代遺跡　二　百済・伽耶篇』、『高句麗の歴史と遺跡』（以上共編著・中央公論社）、『大加耶連盟の興亡と「任那」―加耶琴だけが残った』（吉川弘文館）、『伽耶はなぜほろんだか―日本古代国家形成史の再検討』（共著・大和書房）など。

申　光燮（シン・クヮンソプ）
一九五一年忠清南道扶餘生まれ。中央大学校史学科卒業後、同大学院文学碩士。前、国立扶餘博物館長。現在、国立中央博物館遺物管理部長。
『百済の古都扶餘』、『扶餘　亭岩里窯址』、『扶餘亭岩里窯』（以上共著）、「扶余亭岩里窯」（『佛敎芸術』二〇九号）、「扶餘扶蘇山廃寺址考」（『百済文化』二四号）など。

櫻井　信也（さくらい・しんや）
一九六〇年滋賀県生まれ。大谷大学大学院文学研究科博士後期課程単位取得退学後、大谷大学特別研修員、同非常勤講師を経て、現在、蒲生町教育委員会町史編纂室嘱託員。専攻は日本古代史。
「『寺院併合令』をめぐる二、三の問題」（角田文衛先生傘寿記念会編『古代世界の諸相』、晃洋書房、一九九三年）、「志賀山寺の『官寺』化と仏事法会」（横田健一編『日本書紀研究』第二十冊、塙書房、一九九六年）、「『大津宮』の宮号とアフミの表記」（『近江地方史研究』第三二号、一九九六年）など。

小笠原好彦（おがさわら・よしひこ）
一九四一年青森県生まれ。東北大学大学院文学研究科修士課程修了後、奈良国立文化財研究所を経て、現在、滋賀大学教授。専攻は考古学。蒲生町史編集委員長。
『近江の古代寺院』（共著・真陽社）、『勢多唐橋』

（六興出版）、『クラと古代王権』（編著・ミネルヴァ書房）、『高句麗の都城と古墳』（編著・同朋舎）『難波京の風景』（文英堂）、『天平の都　紫香楽』（共著・ナカニシヤ出版）、『近江の考古学』（サンライズ出版）など。

兼康　保明（かねやす・やすあき）
一九四九年兵庫県生まれ。関西大学文学部史学科卒業後、元興寺仏教民俗資料研究所、滋賀県教育委員会文化財保護課、兵庫県埋蔵文化財調査事務所調査専門員、滋賀県文化財保護協会課長などを経て、現在、滋賀民俗学会理事。
『日本仏教民俗基礎資料集成一』（共著・中公美術出版）、『板碑の総合研究・一二』地域編（共著、柏書房）、『考古学推理帖』（大巧社）、『兵庫県の農村舞台』（共著・和泉書院）、『復原技術と暮らしの日本史』（共著・新人物往来社）など。

鄭　永鎬（チョン・ヨンホ）
一九三四年江原道横城生まれ。国立ソウル大学校卒業。文学博士。檀国大学校教授・博物館長歴任。韓国美術史学会会長。現在、国立韓国教員大学校教授・博物館長。国史編纂委員。文化財委員。韓国文化史学会会長。
『韓國佛塔百選』、『石塔』、『新羅石造浮居研究』、『日本の〈八角堂〉佛殿の源流―佛教美術からみた古代韓日関係史』、『百済の佛教美術』、『日本對馬島の韓國金銅佛像』、『中原鳳凰里磨崖半跏像と佛菩薩群』など。

西谷　正（にしたに・ただし）
一九三八年大阪府生まれ。奈良学芸大学卒業。京都大学大学院文学研究科修士課程修了後、奈良国立文化財研究所研究員、福岡県教育委員会文化課技師などを経て、現在、九州大学大学院人文科学研究院教授。
『韓国考古通信』（学生社）、『古代朝鮮のあけぼの』（共著・講談社）、『古代朝鮮と日本』（編著・名著出版）、『シンポジウム・日韓古代史の謎』（共著・朝日新聞社）、『東アジアにおける支石墓の総合的研究』（編著・九州大学）、『三角縁神獣鏡と邪馬台国』（共著・梓書院）など。

石塔寺《いしどうじ》三重石塔《さんじゅうせきとう》のルーツを探《さぐ》る
——日韓文化交流シンポジウムの記録

2000年 8 月20日　初版第 1 刷印刷
9 月10日　初版第 1 刷発行

監修者　西谷《にしたに》　正《ただし》・鄭《チョン》　永《ヨン》　鎬《ホ》

編　者　蒲生町《がもうちょう》国際親善協会
滋賀県蒲生郡蒲生町市子川原676（役場内）
電話 0748-55-4881　〒529-1531

発行者　岩　根　順　子

発行所　サ　ン　ラ　イ　ズ　出　版
滋賀県彦根市鳥居本町655-1　〒522-0004
電話 0749-22-0627　振替01080-9-61946

印　刷　サンライズ印刷株式会社

ISBN4-88325-068-7 C1020